JN023806

Le français facile
exercices d'écoute et grammaire fondamentale

Yoko OTSUKA / Christine ROBEIN-SATO

やさしくはじめる フランス語リスニング

大塚陽子 + 佐藤クリスティーヌ ㊢

白水社

音声アプリのご利用方法

1. パソコン・スマートフォンで音声ダウンロード用のサイトにアクセスします。
   QR コード読み取りアプリを起動し、QR コードを読み取ってください。
   QRコードが読み取れない方はブラウザから以下のURLにアクセスしてください。

https://audiobook.jp/exchange/hakusuisha

※これ以外の URL からアクセスされますと、無料のダウンロードサービスをご利用いただけませんのでご注意ください。

※URL は「www」等の文字を含めず、正確にご入力ください。

2. 表示されたページから、audiobook.jp への会員登録ページに進みます。

※ 音声のダウンロードには、audiobook.jp への会員登録（無料）が必要です。

※ 既にアカウントをお持ちの方はログインしてください。

3. 会員登録の完了後、1. のサイトに再度アクセスし、シリアルコードの入力欄に「88807」を入力して「送信」をクリックします。

4. 「ライブラリに追加」のボタンをクリックします。

5. スマートフォンの場合は、アプリ「audiobook.jp」をインストールしてご利用ください。パソコンの場合は、「ライブラリ」から音声ファイルをダウンロードしてご利用ください。

ご注意

- 音声はパソコンでも、iPhone や Android のスマートフォンでも再生できます。
- 音声は何度でもダウンロード・再生いただくことができます。
- 書籍に表示されている URL 以外からアクセスされますと、音声ダウンロードサービスをご利用いただけません。URL の入力間違いにご注意ください。
- 音声ダウンロードについてのお問い合わせ先：info@febe.jp
  (受付時間：平日の 10 ～ 20 時)

装丁　古屋真樹（志岐デザイン事務所）
本文レイアウト・組版　九鬼浩子（株式会社スタジオプレス）
音源ナレーション　Christine ROBEIN-SATO
Redolphe BOURGEOIS

はじめに

フランス語を学んでしばらくたつのにちっとも聞き取れるようにならない……。そんな声をよく耳にします。「知っている単語のはずなのに聞いてもピンとこない」、「聞こえたことを正しく書き取りたいのにすんなりいかない」、「文を声に出して読もうとしてもどう発音していいかわからない」など、フランス語を学び始めてぶつかる壁はどうやら「音」や「つづり」にまつわるものが多いようです。

流暢にフランス語が話せるようになりたい！そう思っていらっしゃる方は多いと思います。会話はやりとりですから、相手が理解できるように話さなければなりませんし、相手が話していることを聞き取ることができなければ返答をすることができません。ですから相手の言っていることを聞き取れるかどうかは、コミュニケーションではとても大切なことになります。フランス語が話せるようになるためには、聞き取る力、つまりリスニング力をつける必要もあるのです。

この本は、フランス語を学び始めた方、また聞き取りや書き取りに苦手意識を持っている方のために作りました。フランス語には、音とつづり（文字）のきまりがあります。このきまりを知らないとフランス語の語彙や表現、文を正しい発音で読むことができません。きまりを意識せずに「なんとなく」の自分流発音で語彙を覚えてしまうと、この「なんとなく」の音と実際耳にする本来の音があまりにもかけ離れているため、すぐにわからない、知っていたはずなのに聞き取れない、ということが起こるのです。その逆もあります。音声だけを聞いていて、あるとき書かれたものを見ると、予想できるつづりとはかなり異なっていて戸惑いを覚えた、という経験をお持ちの方もあるのではないでしょうか。またフランス語には、発音は（ほぼ）同じなのに別の語彙ということもよくあります。冠詞や前置詞などの小さな語彙、動詞の活用形などに惑わされることも多いのではないでしょうか。

ではどうしたらいいのでしょう？答えは簡単です。きまりを意識し覚えることです。とはいえ、たくさんあって大変そうだ！と思われるかもしれませんね。でも順を追って大事なところから覚えていけば、そんなに困難なことではありません。覚えれば必ず上達します。つづりを記憶しやすくなるし、発音もしやすくなる、文も読めるようになる、そしてこれらがリスニング力の向上に役立つのです。上達が実感できれば学習も楽しくなりますね。まずはページをめくってプロローグから始めましょう！

2020年8月　著者

目　次

Chapitre 3

プロローグ

トライアル

✳ 次の語はフランス語を語源とする外来語です。音声を聞いて、□のアルファベットを使ってフランス語のつづりを書いてみましょう。 001

マダム ______
aademm

コンクール ______
ccnoorsu

クロワッサン ______
acinorsst

カフェオレ ______ ______ ______ (3語)
aaacéfiltu

いかがでしたか？ いったいどこで使うのだろう？ と迷う文字があったのではないでしょうか？ 実は次のようにつづります。

マダム	madame
コンクール	concours
クロワッサン	croissant
カフェオレ	café au lait

ローマ字や英語のつづり方とは異なりますね。マダムの「ム」と聞こえる音のつづりは me ですし、カフェオレの「オ」は au、「レ」は lait です。é という見慣れない文字もあります。また、コンクールの「クー」と聞こえる部分のつづりは cou のようですが、クロワッサンの「ワ」はいったいどの文字の音なのでしょうか。

さあ、大変！ フランス語のつづりは難しいぞ！ と思われた方もあるかもしれません。 これまで、 アルファベットを用いて書かれたものを読むときに頼りにしていたローマ字や英語の読み方とは少し違う「きまり」が存在しているようです。

◇ 音とつづりのきまりを知ろう。

でも大丈夫！ そんなに心配することはありません。 なぜなら、 フランス語の音とつづりの間には明確なきまりがあり、 それを覚えさえすれば、 初めて見る語も文も、 らくに発音できるようになるからです。 発音できるようになれば、 聞き取り能力もアップします。 さらに、 きまりを知っていればつづりも覚えやすくなり、 スラスラと書けるようになります。 ですから、 まずは基本的なきまりを覚えることをおすすめします。 例えば oi というつづりは、【ゥワ】[wa] という音になります。 クロワッサンのつづり croissant にも oi がありますね。 これさえ知っていれば、 あまり抵抗なく croissant と書くことができますね。

◇ アルファベを覚えよう。

まずは、音とつづりのきまりを理解するために大切なフランス語の文字「アルファベ」を覚えましょう。 英語と同じ 26 文字ですが、 発音が異なります。 また「つづり字記号（アクサン）」と呼ばれる、 フランス語独自の記号とともに用いられることもあります。 → petit mémo

・音源を聴いて発音してみましょう 002

a b c d e f g h i j k l m n o p q r s t u v w x y z

色のついている文字が母音字で、 母音として発音される文字です。 それ以外は子音字で通常子音として発音されます。 ここでひとつ注意することがあります。 母音字や子音字は文字を指します。 一方、 母音や子音は音を指します。 例えば「カフェオレ」の「オ」を見てみましょう。 音は【オ】[o] というひとつの母音ですが、 つづりは au で、 a と u のふたつの母音字が使われます。

実は、 フランス語の母音字は 6 つですが、 母音は 16 あります。 日本語の母音は 5 つのみですから、 フランス語の母音の多さは私たちが発音を難しいと感じる理由のひとつとなっています。 子音は 17 あり、 母音と子音の中間のような半母音が 3 つあります。

◇ **音節を意識しよう。**

ここで、フランス語を上手に発音したり、正しく聞き取ったりするための秘訣をお教えしましょう。それは「音節を意識すること」です。音節とはひとまとまりに聞こえる（言語の）音の単位です。

音節を理解するために次の語を聞いてみましょう。 003

un　　deux　　trois

フランス語の「1、2、3」です。実はどれも1音節の語で、1拍で発音します。

では「クロワッサン」や「コンクール」はどうでしょうか？ 004

croissant　　concours

どちらも2音節の語で、2拍で発音しています。次のように区切ります。

crois sant　　con cours

区切り、つまり音節の中心は母音で、ひとつの音節には、ひとつの母音が含まれます。母音だけで音節ができる場合もありますし、ひとつの母音に子音がくっついて音節を作る場合もあります。発音記号で見てみましょう。

つづり	crois - sant	con - cours
発音記号	[krwa] [sɑ̃]	[kɔ̃] [kur]

色がついている記号が母音です。さらに詳しく見てみましょう。

つづり	c r oi s　s an t	c on　c ou r s
発音記号	k r wa　s ɑ̃	k ɔ̃　k u r

薄い文字は発音されていません。また、ふたつの母音字の組み合わせが、ひとつの母音（ou →【ウ】[u]）として発音されていることもわかりますね。母音字が複数あるからといって音節が複数になるわけではないのです。次の例も見てみましょう。 005

つづり	ma-dame
発音記号	[ma] [dam]

語末の母音字 e は発音されていないことがわかります。「マ・ダ・ム」ではなく、[マ・ダム] と発音するのですね。[ム] は子音ですからそっと添えるように発音します。そうするととてもフランス語らしく聞こえます。

このようにフランス語では、文字があるのに無音だったり、複数の母音字（文字）でひとつの母音（音）を作ったりすることが多くあり、このきまりこそが、発音が難しい、読み方が難しい、聞き取れても書けない、と感じる原因になっています。

ですからこのきまりを理解し、覚えることから始めましょう。語の音を聞き取りながら、きまりを覚えていきます。文字と発音のきまりが理解できたら、文を聞き取っていきましょう。フランス語で少しやっかいなのは、音は同じなのに意味やつづりが違ったり、日本語母語話者の耳には同じように聞こえたりする語がとても多いことです。聞き分けるためには文法の知識も役に立ちます。本編のやさしい書き取り問題=ミニ・ディクテを通して文法をおさらいしながら聞き取り力の向上を目指しましょう。

✻ petit mémo ✻

つづり字（アクサン）記号

セディーユ以外はすべて母音字につく記号で、主に発音を区別するために用いられます。

´	アクサン・テギュ	é
`	アクサン・グラーヴ	à è ù
ˆ	アクサン・スィルコンフレクス	â î û ê ô
¨	トレマ	ï ë ü
¸	セディーユ	ç

また合字と呼ばれるふたつの文字を組み合わせてつづられる文字があります。

œ（Œ）　オ・ウコンポゼ

本書の構成

 Chapitre 1

まずは文字の読み方を学びます。【　】で示したカタカナは、あくまで音の目安として考え、音源を聞いて実際の発音を確認してください。

ポイントで示す単語例は、なぞり書きできるようにしています。音声を聞きながら書いて覚えるのに活用してください。各課の「書き取りにチャレンジ！」は、その課で登場した語を出題しています。つづりを覚えられたか、確認してみてください。

petit mémo は発音についてやや詳しく解説しています。はじめは飛ばしてかまいません。フランス語の音に慣れてきたらぜひ読み返してください。

 Chapitre 2

Chapitre 2 では文を聞き取れるようにします。文法の知識がないと正しく文や語が聞き取れないことがあります。文法の整理をしながら、音の理解を深めましょう。各課冒頭の例題には番号を振り、その例題と関連するポイントに番号を示しています。

petit mémo は頻出表現、特に数にまつわるものをまとめています。語彙力アップに活用してください。

 Chapitre 3

少し長い文章の聞き取りに挑戦します。シチュエーション別に、音声を聞いて要点を理解する問題、読まれた文を正確に書きとる問題があります。適宜、理解に必要な語や表現のヒントを示してあります。文章は2回ずつ読まれ、2回目はゆっくり読まれます。

解答、読まれた文の全文と和訳は巻末に掲載しています。

さらなるレベルアップを目指す方は、ぜひ全文の書き取りにも挑戦してください。

Chapitre 1

1 母音字の音 (1) 単母音字

※ **太字**に注意して次の語を聞いてみましょう。 006

Jap**o**n	日本	S**a**lut !	やあ！
p**o**ste	郵便局	m**u**s**i**que	音楽
st**y**le	スタイル	m**e**l**o**n	メロン
b**a**ll**e**t	バレエ	b**é**b**é**	赤ん坊

ポイント 1 フランス語の母音字は6つ、a, e, i, o, u そして y。 007

音源を聞きながら書きましょう。

◇ ローマ字読みでいいのは **a** と **o** と **i**。

a は【ア】	t**a**ble	テーブル	table	table
	ami	友だち	ami	ami
o は【オ】	m**o**t**o**	バイク	moto	moto
	p**o**lice	警察	police	police
i は【イ】	**i**dole	アイドル、偶像	idole	idole
	f**i**lm	映画作品	film	film

◇ **y** も母音字。

y は【イ】	c**y**cle	サイクル、循環	cycle	cycle
	t**y**pe	タイプ、型	type	type

◇ **u** は【ユ】！ ローマ字読みの【ウ】ではダメ！

u は【ユ】	**u**topie	ユートピア	utopie	utopie
	t**u**be	チューブ、管	tube	tube

ポイント 2 e は要注意! 基本は【ウ】と発音。ただし発音しない（無音）ことも多い。 008

◇ 基本は「力をぬいた【ウ】」と覚えよう。

【エ】ではないので注意しましょう。口の緊張を緩め、少し開いた状態で発音します。

menu 献立、定食	menu	menu
cerise サクランボ	cerise	cerise
je 私は	je	je
ce この	ce	ce

◇無音のことも多い。

avenue 大通り	avenue	avenue
tarte タルト	tarte	tarte
page ページ	page	page

ポイント 3 【エ】と発音する e もある。 009

◇ 語末が子音字のとき、その前の **e** は【エ】。

【エ】の発音は 2 種類 [e] か [ε]。 → petit mémo

et そして	et	et
nez 鼻	nez	nez
avec ～と一緒に	avec	avec
chef シェフ	chef	chef

◇ 後に子音が 2 つ続く場合は【エ】と発音することが多い。

veste ジャケット	veste	veste
merci ありがとう	merci	merci
omelette オムレツ	omelette	omelette

ポイント 4 つづり字記号のついた文字の発音を覚えよう。 010

◇ つづり字記号がついた **e** の発音は【エ】。

café コーヒー	café	café
fête パーティー	fête	fête
crème クリーム	crème	crème
Noël クリスマス	Noël	Noël

◇ **a, i, o, u** に綴り字記号がついても発音は変わらない。

là そこ	là	là
aïe 痛い！	aïe	aïe
icône アイコン	icône	icône
sûr 確実な	sûr	sûr

✻ petit mémo ✻

- 【エ】と聞こえる音は実は2種類あります。発音記号では [ɛ] と [e] です。
- [ɛ] は口を上下に開けて【エ】と発音します。[e] は口を左右に開けて【エ】と発音します。

  例：avec [avɛk]　　café [kafe]
- まず大切なのは「慣れる」ことです。フランス語の音をよく聞き、声に出し、慣れてきたところできまりをひとつずつ覚えましょう。

発音してみよう！

音声を聞いて、**太字**に注意しながら発音しましょう。 011

(1) titre 題名、タイトル

(2) demi 半分の

(3) futur 未来

(4) nostalgie ノスタルジー

(5) lettre 手紙

(6) pyramide ピラミッド

(7) été 夏

(8) fenêtre 窓

(9) père 父親

(10) pull セーター

書き取りにチャレンジ！

音声を聞いて、単語を書き取りましょう。 012

(1) ________________ テーブル

(2) ________________ ありがとう

(3) ________________ 郵便局

(4) ________________ 大通り

(5) ________________ スタイル

(6) ________________ コーヒー

書き取りにチャレンジ！ 解答

(1) table (2) merci (3) poste (4) avenue
(5) style (6) café

2 母音字の音（2） 母音字＋n／m

＊**太字**に注意して次の語を聞いてみましょう。 013

long 長い　**lampe** 電灯
ensemble 一緒に　**vin** ワイン
pain パン

ポイント1 母音字＋n または m は鼻母音となる。 014

◇ **鼻母音は口を開いたまま鼻に響かせる。**

鼻母音は口を開いたまま鼻に響かせるように軽めに「ン」と発音します。「ン」という音を鼻から出すようなイメージですので、本書では【ン】で表します。

◇ **on, om は【オン】。**

【オン】は口を丸くすぼめ、一拍で発音しましょう。

bonbon キャンディー　bonbon　bonbon

nom 名前　nom　nom

◇ **an, am, en, em は同じ音。「オン」に近い音に聞こえる【アン】。**

【アン】は口を縦に開き、一拍で発音しましょう。

＊発音記号は [ɑ̃] → petit mémo

sandale サンダル　sandale　sandale

jambon ハム　jambon　jambon

tente テント　tente　tente

empire 帝国　empire　empire

◇ ほかの鼻母音は「エン」に近い音に聞こえる【あ〻】。
【あ〻】は口を左右に開き、一拍で発音しましょう。

◇ **in, im, yn, ym**

＊発音記号は [ɛ̃] → petit mémo

s**in**ge サル	singe	singe
s**im**ple 単純な	simple	simple
s**yn**dicat 組合	syndicat	syndicat
c**ym**bale シンバル	cymbale	cymbale

◇ **ain, aim, ein**

＊発音記号は [ɛ̃] → petit mémo

m**ain** 手	main	main
f**aim** 空腹	faim	faim
p**ein**ture 絵	peinture	peinture
pl**ein** いっぱいの	plein	plein

◇ **un**

＊発音記号は [œ̃] → petit mémo

un 1つの、不定冠詞（男性単数形）	un	un
br**un** 茶色の	brun	brun

ポイント 2 母音字＋n／m の組み合わせでも、鼻母音にならない場合がある。 015

◇ **n, m** の後に母音字が続くと、鼻母音にならない。
1 課で学んだ単母音字として発音されます。

animal 動物 → **a** **ni**mal　animal　animal

a と n がつながらず、【ア】と【ニ】が聞こえることを確認しましょう。

bonus　ボーナス → bo|nus　bonus　bonus

image　イメージ → i|mage　image　image

une　１つの、不定冠詞（女性単数形）→ u|ne　une　une

◇ n や m が連続する場合は、鼻母音にはならない。

innocent　無罪の、無邪気な　innocent　innocent

pomme　リンゴ　pomme　pomme

ポイント 3　b と p の前では母音字＋m、それ以外の子音字の前では母音字＋n となる。 016

impossible　不可能な　impossible　impossible

empereur　皇帝　empereur　empereur

intelligent　頭の良い　intelligent　intelligent

inscription　記入、申し込み　inscription　inscription

✻ petit mémo ✻

- 【アン】【あン】と聞こえる音のちがいを整理しましょう。
- [ɑ̃]【アン】「オン」に似た音に聞こえます。口を縦に大きく開き「ア」という音を出し、口を開いたまま鼻に響かせるように軽めに【ン】と発音します。
- [ɛ̃] と [œ̃]【あン】「エン」に似た音に聞こえます。[ɛ̃] と [œ̃] はもともと異なる音ですが、今では多くの場合区別せずに発音されるので、同じ音と捉えて問題ありません。口を大きめに左右にひいて開き「ア」という音を出し（エに近い音）、口を開いたまま鼻に響かせるように軽めに【ン】と発音します。

発音してみよう！

1. 音声を聞いて、**太字**に注意しながら発音しましょう。 017

(1) sav**on** 石鹸 (2) am**an**de アーモンド

(3) **en**veloppe 封筒 (4) f**in** 終わり

(5) s**ym**pa 感じが良い (6) p**ein**tre 画家

(7) l**un**di 月曜日 (8) **im**pression 印象

2. 音声を聞き、鼻母音を含む語なら○、含まない語なら△を書きましょう。 018

(1) linge リネン、洗濯物 (　　) (2) année 1年、年度 (　　)

(3) univers 宇宙 (　　) (4) train 電車、列車 (　　)

書き取りにチャレンジ！

音声を聞いて、単語を書き取りましょう。 019

(1) ＿＿＿＿＿＿＿＿ 単純な

(2) ＿＿＿＿＿＿＿＿ 一緒に

(3) ＿＿＿＿＿＿＿＿ 名前

(4) ＿＿＿＿＿＿＿＿ 手

(5) ＿＿＿＿＿＿＿＿ ハム

(6) ＿＿＿＿＿＿＿＿ 茶色の

解答

発音してみよう 2. (1) ○ (2) △ (3) △ (4) ○

書き取りにチャレンジ！ (1) simple (2) ensemble (3) nom (4) main (5) jambon (6) brun

3 母音字の音（3） 複母音字

※ **太字**に注意して次の語を聞いてみましょう。 020

l**ai**t	牛乳
S**ei**ne	セーヌ川
s**au**ce	ソース
s**ou**pe	スープ
cr**oi**ssant	クロワッサン

ポイント 1 母音字は複数でも、音はひとつになることがある。 021

◇ **ai** は【エ】。

p**ai**x	平和	paix	paix
ess**ai**	エッセイ、試み	essai	essai

◇ **ei** は【エ】。

b**ei**ge	ベージュの	beige	beige
n**ei**ge	雪	neige	neige

◇ **au** と **eau** は【オ】。

auto	自動車	auto	auto
g**au**fre	ワッフル	gaufre	gaufre
b**eau**	美しい	beau	beau
cad**eau**	贈り物	cadeau	cadeau

◇ **ou** は するどい【ウ】。

＊発音は [u] → petit mémo

boule 球 boule boule

tour 一周 tour tour

◇ **eu** と **œu** は「エ」のような【ウ】。

＊発音は2種類、[ø] か [œ] → petit mémo

bleu 青い bleu bleu

bœuf ウシ bœuf bœuf

ポイント 2 o と i の組み合わせは【ゥワ】。 022

半母音と呼ばれる【ゥ】と【ア】の組み合わせで【ゥワ】という音になります。半母音は文字通り半分が母音で、母音のような音ですが、他の母音とセットで使います。半子音とも呼ばれます。

◇ **oi** は【ゥワ】[wa]。

toi 君 toi toi

joie 喜び、楽しさ joie joie

ポイント 3 母音字に挟まれた y は、i + i と考えよう。 023

最初の i は前の母音と結びつき、後の i は半母音【ィ】として、続く母音に結びつきます。

◇ **ay** + 母音字（**=ai**【エ】**+ i**【ィ】**+** 母音字）。

essa**y**er ～を試す → essa**(i)**【エッセ】+ **(i)**er【ィエ】

essayer essayer

◇ **oy** + 母音字（**=oi**【ゥワ】**+ i**【ィ】**+** 母音字）。

joyeux 楽しい → **jo(i)**【ジュワ】+ **(i)eux**【ィユ】

joyeux joyeux

ポイント 4 トレマのついた母音字はほとんどの場合、単独で発音する。 024

トレマのついた母音字はほとんどの場合、複母音字とならず、単独で発音します。それ以外のつづり字記号は、通常、記号なしの複母音字と同じ音になります。

◇ **ë** は【エ】。**ï** は【イ】。

canoë	カヌー	canoë	canoë
égoïste	エゴイスト	égoïste	égoïste

◇ **aî** は【エ】。**oî** は【ゥワ】。

aîné	年長の	aîné	aîné
boîte	箱	boîte	boîte

◇ **où** は するどい【ウ】。

où	どこに	où	où

✻ petit mémo ✻

- 【ウ】と聞こえる音は4種類あります。
- [ə]　1課のポイント2で取り上げた、力を抜いた【ウ】です。口の緊張を緩め、少し開いた状態で発音します。
- [u]　口を丸く小さくすぼめて【ウ】と鋭く発音します。力を入れない【ウ】[ə] とは異なり、唇を緊張させましょう。
- [ø]　【エ】というつもりで口を開き【ウ】と発音します。口は少し緊張させて狭めに開きます。
- [œ]　【エ】というつもりで口を開き【ウ】と発音します。口は緊張させずに広めに開きます。

発音してみよう！

音声を聞いて、**太字**に注意しながら発音してみましょう。 025

(1) tr**ei**ze 13

(2) bonj**ou**r こんにちは

(3) b**eu**rre バター

(4) m**ai** 5月

(5) a**ï**e 痛い！

(6) m**oi** 私

(7) bons**oi**r こんばんは

(8) c**ou**t**eau** ナイフ

(9) fl**eu**r 花

(10) **œu**f 卵

書き取りにチャレンジ！

音声を聞いて、単語を書き取りましょう。 026

(1) ________ どこに

(2) ________ ソース

(3) ________ 一周

(4) ________ 青い

(5) ________ 贈り物

(6) ________ ウシ

書き取りにチャレンジ！解答

(1) où (2) sauce (3) tour (4) bleu
(5) cadeau (6) bœuf

4 母音字の音(4) 母音字+an / en, oin

＊ **太字**に注意して次の語を聞いてみましょう。 027

fi**an**cé	婚約者
bi**en**	よく
anci**en**	古い
anci**enne**	古い(女性形)
océ**an**	海洋
europé**en**	ヨーロッパの
europé**enne**	ヨーロッパの(女性形)
c**oin**	角、コーナー

ポイント 1 an と en は同じ音 (→ 2 課)、でも ian と ien は違う音。 028

◇ **ian** は【ィアン】[jɑ̃]。

【ィアン】の【アン】は、口を縦に開く「オン」に近い音です。i は半母音の【ィ】[j] です。

vi**an**de	肉	viande	viande
tri**an**gle	三角形	triangle	triangle

◇ **ien** は【ィヤン】[jɛ̃]。

i は半母音の【ィ】[j] です。2 課のポイント 1 で学んだ【あン】と一緒に【ィやン】と発音します。

itali**en**	イタリア語、イタリアの	italien	italien
musici**en**	ミュージシャン	musicien	musicien

◇ **ien は職業や国籍を表す語の最後につくことが多い。**

ien は職業や国籍を表す名詞や形容詞の語末によくみられます。女性形は ienne になり、発音も変化します。

ital**ien**【イタリィやン】　ital**ienne**【イタリィエヌ】

music**ien**【ミュズィスィやン】　music**ienne**【ミュズィスィエヌ】

ien を語末にもつ名詞や形容詞は他にもこんなものがあります。

オーストラリアの	australien	australienne
カナダの	canadien	canadienne
キリスト教の	chrétien	chrétienne
管理人・ゴールキーパー	gardien	gardienne
(喜劇) 役者	comédien	comédienne

◇ **ien はまれに　【ィアン】[jɑ̃] となる。**

or**ien**t　東方　orient　orient

sc**ien**ce　科学、学問　science　science

ポイント 2

éan と éen も違う音。éan は【エアン】、éen は【エあン】。

029

◇ **éan は　【エアン】[eɑ̃]。**

【エ】+【アン】(「オン」に近い音) と考えましょう。

g**éan**t　巨人　géant　géant

n**éan**moins　しかしながら　néanmoins　néanmoins

◇ **éen は【エあン】[eɛ̃]。**

【エ】+【あン】(「エン」に近い音) と考えましょう。

lyc**éen**　高校生　lycéen　lycéen

◇ **éen は身分や国籍を表す語の最後に多い。**

éen は身分や国籍を表す名詞や形容詞の語末によく見られます。女性形は énne となり、発音も変わります。

lyc**éen**【リセあン】　　lyc**éenne**【リセエヌ】

europ**éen**【ウ r ォペあン】　　europ**éenne**【ウ r ォペエヌ】

＊ r の音は 5 課で取り上げます。

ポイント 3　oi は【ゥワ】（→ 3 課）、oin は【ワン】で鼻母音となる。　030

◇ **oin は【ゥワン】。**

loin 遠い	loin	loin
point 点	point	point
moins より少なく	moins	moins

発音してみよう！

音声を聞いて、**太字**に注意しながら発音してみましょう。 031

(1) étud**iant** 学生

(2) amb**iance** 雰囲気

(3) conf**iance** 信頼

(4) s**éance** 会議、上映

(5) paris**ien** パリの

(6) paris**ienne** パリの（女性形）

(7) comb**ien** どれだけの、いくらの

(8) bes**oin** 要求

(9) cor**éen** 韓国の

(10) cor**éenne** 韓国の（女性形）

書き取りにチャレンジ！

音声を聞いて、単語を書き取りましょう。 032

(1) ______________ 高校生

(2) ______________ 女子高校生

(3) ______________ よく

(4) ______________ 肉

(5) ______________ 海洋

(6) ______________ 点

書き取りにチャレンジ！解答

(1) lycéen (2) lycéenne (3) bien (4) viande
(5) océan (6) point

5 子音字の音（1） 語末の子音字とh, r

＊ **太字**に注意して次の語を聞いてみましょう。 033

vou**s**	あなた（方）
harico**t**	インゲンマメ
hôte**l**	ホテル
ma**r**iage	結婚
pou**r**	～のために
te**r**minu**s**	ターミナル

ポイント 1 語末の子音字の多くは発音しない。 034

◇ 語末の子音字を発音しないことに慣れよう。

blon**d**	ブロンドの	blond	blond
Pari**s**	パリ	Paris	Paris
ar**t**	アート、芸術	art	art
fau**x**	偽の	faux	faux

◇ ただし、語末でも **c, f, l, r** は発音されることが多い。

sa**c**	バッグ	sac	sac
acti**f**	活動的な	actif	actif
carame**l**	キャラメル	caramel	caramel
amou**r**	愛	amour	amour

ポイント 2 英語と大きく違う h！ 発音しない。 035

◇ **h** は無音。

ただし、文法上は音があると見なされる「有音の h」と呼ばれるものがあります。

humain 人間の humain humain

homme 人、男 homme homme

héros ヒーロー（有音の h） héros héros

ポイント 3 r は聞き慣れない音だが慣れてしまおう！ 036

◇ **r** は [r]。日本語のラ行や英語の **r** とは全く異なる音。

舌の先は下の前歯につけたまま動かしません。舌の後方部と上あごの奥の空間あたりで出すかすれた音です。「カ」と発音するときに鳴らす箇所よりもやや奥のあたりを鳴らします。

◇ 語頭の **r** や、後に母音字が続く **r** は比較的はっきりと聞こえる。

roman 小説 roman roman

rue 通り rue rue

f**r**è**r**e 兄弟 frère frère

p**r**oblème 問題 problème problème

◇ 後に母音字が続かない場合や、語末の **r** はかすかな音になる。

parle**r** 話す parler parler

jou**r** 日、一日 jour jour

 ✻ petit mémo ✻

- 子音字はその前後にある母音字と結びついて音節（ひとまとまりの音）を作ります。子音だけでは音節を作ることはできません。
- また、無音の e は音節を作ることができません。

sac	s → **a** ← c	1音節の語
amour	**a** ¦ m → **ou** ← r	2音節の語
caramel	c → **a** ¦ r → **a** ¦ m → **e** ← l	3音節の語
omelette	**o** ← me ¦ l → **e** ← tte	2音節の語

- 次の語は何音節の語かを考えてみましょう。

rue	r → **u**e	（　　）音節
roman	r → **o** m → **a** ← n	（　　）音節
neige	n → **ei** ← ge	（　　）音節
gaufre	g → **au** ← fre	（　　）音節
joie	j → **oi** ← e	（　　）音節
cerise	c → **e** r → **i** ← se	（　　）音節
beaucoup	b → **eau** c → **ou** ← p	（　　）音節

- 解答　rue　1音節　roman　2音節　neige　1音節　gaufre　1音節　joie　1音節　cerise　2音節　beaucoup　2音節

発音してみよう！

音声を聞いて、**太字**に注意しながら発音しましょう。 038

(1) e**t** そして　(2) don**c** それゆえ

(3) **h**eure 時間　(4) **h**ôpita**l** 病院

(5) **h**uit 8　(6) **h**orai**r**e 時間割

(7) **h**au**t** 高い　(8) **r**ose バラ

(9) ta**rd** 遅く　(10) **r**i**r**e 笑う

書き取りにチャレンジ！

音声を聞いて、単語を書き取りましょう。 039

(1) ＿＿＿＿＿＿＿＿ 人間、男　(2) ＿＿＿＿＿＿＿＿ バッグ

(3) ＿＿＿＿＿＿＿＿ 兄弟　(4) ＿＿＿＿＿＿＿＿ 話す

(5) ＿＿＿＿＿＿＿＿ ブロンドの　(6) ＿＿＿＿＿＿＿＿ ホテル

書き取りにチャレンジ！解答

(1) homme　(2) sac　(3) frère　(4) parler
(5) blond　(6) hôtel

6 子音字の音（2） 基本の音

＊ **太字**に注意して次の語を聞いてみましょう。 040

banc	ベンチ
a**b**sent	欠席の、不在の
ciel	空
coq	雄鶏
le**ç**on	レッスン
â**g**e	年齢
gant	手袋
savoir	知る、知識
blou**s**on	ジャンパー、ブルゾン
W-C	トイレ

ポイント 1 フランス語の子音字のアルファベをしっかり覚えよう。

→ プロローグ

アルファベの音の一部が基本の音になります。 ただし、 後に続く文字によって音が異なるものがあります。 041

◇ **b** はバ行の音になるが、 例外もある。

bé**b**é 赤ん坊 bébé bébé

octo**b**re 10月 octobre octobre

例外 後に s, t が続くと【プ】

a**bs**olu 絶対的な absolu absolu

o**bt**enir 獲得する obtenir obtenir

◇ c は サ行の音、 またはカ行の音。

サ行音　後に i や y, e が続く場合

ceci　これ	ceci	ceci
cinq　5（の）	cinq	cinq
cycle　サイクル、循環	cycle	cycle

カ行音　後に a, o, u や子音字が続く場合

cave　地下貯蔵庫	cave	cave
alcool　アルコール	alcool	alcool
biscuit　ビスケット	biscuit	biscuit
clé　鍵	clé	clé

ç セディーユ　サ行の音

garçon　少年	garçon	garçon
reçu　レシート	reçu	reçu

◇ g は【ジ】やジャ行、またはガ行の音。

【ジ】　後に i が続く場合

énergie　エネルギー	énergie	énergie

ジャ行音　後に e が続く場合

agenda　手帳	agenda	agenda

ガ行音　後に a, o, u と子音字が続く場合

gare　駅	gare	gare
gomme　消しゴム	gomme	gomme
vague　波	vague	vague
gros　太った	gros	gros

◇ **s** はサ行の音、またはザ行の音。

サ行音　語頭の s と、s の前か後に子音字がある場合

silence　沈黙　silence　silence

re**st**er　とどまる　rester　rester

ザ行音　s が母音に挟まれている場合

val**ise**　スーツケース　valise　valise

r**ose**　バラ　rose　rose

◇ **w** は【ヴ】。

wagon　鉄道車両　wagon　wagon

例外　借用語（外来語）は半母音の【ゥ】。次に続く母音とともに発音する。

week-end　週末　week-end　week-end

発音してみよう！

音声を聞いて、**太字**に注意しながら発音しましょう。 042

(1) **g**ara**g**e ガレージ

(2) fa**ç**on 方法

(3) **b**alle ボール

(4) **s**ai**s**on 季節

(5) **cr**êpe クレープ

(6) **ç**a それ

(7) o**b**server 観察する

(8) **c**ulture 文化

書き取りにチャレンジ！

音声を聞いて、単語を書き取りましょう。 043

(1) ______________ 鉄道車両

(2) ______________ レッスン

(3) ______________ 5（の）

(4) ______________ 鍵

(5) ______________ 波

(6) ______________ 沈黙

書き取りにチャレンジ！解答

(1) wagon (2) leçon (3) cinq (4) clé
(5) vague (6) silence

7 子音字の音（3） 重子音字、複子音字

※ 太字に注意して次の語を聞いてみましょう。 044

a**pp**artement	アパルトマン（マンション）
passer	通る、過ごす
a**cc**ès	アクセス、通路
de**ss**ert	デザート
champa**gn**e	シャンパン
thème	テーマ
élé**ph**ant	ゾウ

ポイント 1 同じ子音字が重なっても、基本的には単子音字の音と変わらない。

appartement の pp のように、同じ子音字が重なっても、基本的には子音字がひとつのとき（単子音字）の音と変わりません。つまり、appartement と passer の下線部は同じ音です。

ただし注意が必要なものもあります。 045

◇ **cc はカ行の音、または【ク】＋サ行音。**

カ行の音　後に a, o, u や子音字が続く場合

d'a**cc**o**r**d	了解	d'accord	d'accord
o**cc**u**p**é	忙しい	occupé	occupé

【ク】＋サ行音　後に e, i, y が続く場合

a**cci**dent	事故	accident	accident
su**ccè**s	成功	succès	succès

◇ **ss** はサ行の音。

ti**ss**u 生地、布地 tissu tissu

mou**ss**e コケ、泡 mousse mousse

ポイント 2 異なるふたつの子音字が組み合わされてひとつの音になることがある。 046

◇ **ch** はシャ行の音。【チ】にはならないので注意。

chance チャンス chance chance

a**ch**eter 買う acheter acheter

例外 子音字の前や語源がギリシア語の場合はカ行の音

chrétien キリスト教徒 chrétien chrétien

chorale 合唱団 chorale chorale

◇ **gn** はニャ行の音。

campa**gn**e 田舎 campagne campagne

si**gn**e しるし signe signe

◇ **ph** はファ行の音。

photo 写真 photo photo

géogra**ph**ie 地理 géographie géographie

◇ **th** はタ行の音。

thé 茶 thé thé

thon マグロ、ツナ thon thon

◇ **sc** は【ス】＋カ行音、またはサ行の音。

【ス】＋カ行音

discours 演説　discours　discours

escargot カタツムリ　escargot　escargot

サ行音　後に e, i, y が続く場合

science 科学　science　science

scène 場面　scène　scène

047 ✻ petit mémo ✻

- cc と ss 以外で、同じ子音字が重なる重子音字となる組み合わせは以下のとおりです。

bb [b]	abbaye 大修道院		dd [d]	addition 会計	
ff [f]	affaire 事柄		gg [g]	aggraver 深刻化させる	
mm [m]	grammaire 文法		nn [n]	annonce 知らせ	
pp [p]	appel 呼び出し		rr [r]	terre 土地、大地、土	
tt [t]	attaque 攻撃				

- 単子音字と音が同じですから、単語のつづりを覚える際に、これらの子音字がひとつなのかふたつなのかを意識して覚えましょう。

発音してみよう！

音声を聞いて、太字に注意しながら発音しましょう。 048

(1) caro**tt**e ニンジン

(2) télé**ph**one 電話

(3) biblio**th**èque 図書館

(4) Allema**gn**e ドイツ

(5) a**sc**enceur エレベーター

(6) **ph**armacie 薬局

(7) a**cc**epter 受け入れる

(8) **ch**ambre 部屋、寝室

(9) in**sc**ription 登録

(10) li**gn**e 線

書き取りにチャレンジ！

音声を聞いて、単語を書き取りましょう。 049

(1) ____________________ 科学

(2) ____________________ 事故

(3) ____________________ テーマ

(4) ____________________ デザート

(5) ____________________ チャンス

(6) ____________________ ゾウ

書き取りにチャレンジ！解答

(1) science (2) accident (3) thème (4) dessert
(5) chance (6) éléphant

8 間違えやすいつづり

※ 太字に注意して次の語を聞いてみましょう。 050

action	行為、活動
gestion	管理、経営
guide	ガイド
quiche	キッシュ
il	彼は、それは
fille	少女、娘
fils	息子
sept	7(の)

ポイント 1 ti は【スィ】と発音することがある。 051

◇ i の前の t は【ス】と発音することがある。その場合 ti は【スィ】と発音する。

ambitieux 野心のある ambitieux ambitieux

Égyptien エジプト人 Égyptien Égyptien

◇ ただし s の後の ti は必ず【ティ】と発音する。

dynastie 王朝 dynastie dynastie

destination 行き先 destination destination

ポイント 2 発音しない u がある。 052

◇ **gu** は通常、ガ行の音となる。**u** は発音しない。

guichet 窓口 guichet guichet

lan**gue** 言語 langue langue

例外　ただしまれに u が半母音【ュ】[ɥ] と発音されることがある

ai**gu**ille 針 aiguille aiguille

◇ **qu** は通常、カ行の音となる。**u** は発音しない。

quatre 4（の） quatre quatre

ban**que** 銀行 banque banque

en**qu**ête アンケート enquête enquête

例外　ただしまれに u が半母音【ュ】[ɥ] や【ゥ】[w] と発音されることがある

a**qu**arelle 水彩画 aquarelle aquarelle

ポイント 3 多くの場合 i と l の組み合わせは半母音【ュ】[j] を含む音となる。 053

◇ **ill** は【イュ】。ただし例外もある。

feu**ill**e 葉 feuille feuille

bou**ill**on ブイヨン bouillon bouillon

例外　【イル】と発音することもある

m**ill**e 1000 の mille mille

v**ill**e 都市、町 ville ville

◇ **ail, aill** は【アュ】。

rail レール	rail	rail
taille サイズ	taille	taille

◇ **eil, eill** は【エュ】。

soleil 太陽	soleil	soleil
oreille 耳	oreille	oreille

◇ **œil** は【ウュ】。

œil 目（単数形）	œil	œil

ポイント 4 語中にあっても発音しない子音字もある。数は多くないのでひとつずつ覚えよう。 054

◇ 発音されない **l, p** がある。

fi**l**s 息子	fils	fils
com**p**te 口座、勘定	compte	compte

ポイント 5 x は s のように発音されることがある。 055

◇ 数詞。

si**x** 6（の）	six	six
di**x**ième 第10の	dixième	dixième

◇ 地名ではサ行音になることがある。

Bru**x**elles ブリュッセル	Bruxelles	Bruxelles

発音してみよう！

音声を聞いて、**太字**に注意しながら発音しましょう。 056

(1) **question** 質問
(2) atten**ti**on 注意
(3) **gu**erre 戦争
(4) dialo**gue** 対話
(5) **qu**ai プラットホーム
(6) auto**m**ne 秋
(7) di**x** 10の
(8) deu**x**ième 第2の
(9) tem**ps** 時間、天気
(10) me**ill**eur もっと良い

書き取りにチャレンジ！

音声を聞いて、単語を書き取りましょう。 057

(1) ____________ 息子
(2) ____________ ガイド
(3) ____________ 行為、活動
(4) ____________ 少女、娘
(5) ____________ 6（の）
(6) ____________ 4（の）

書き取りにチャレンジ！解答

(1) fils (2) guide (3) action (4) fille
(5) six (6) quatre

9 聞き分けの難しい音

※ **太字**に注意して次の語を聞いてみましょう。 058

p**ou**le	めんどり
p**u**ll	セーター
p**e**tit	小さな
un p**eu**	少し
f**ée**	妖精
f**ai**t	出来事

ポイント 1 【ウ】と聞こえるつづり字は 4 種ある。 まずは ou の音を聞き取れるようにしよう。 059

◇ **ou** は緊張の強い鋭い【ウ】。 この音になるつづりは **ou** のみ。

doux	やわらかい、甘い	doux	doux
joue	頬	joue	joue
nous	私たち	nous	nous

◇ 力をぬいた【ウ】。 この音になるつづりは **e** のみ。

de	～の、～から	de	de
je	私は	je	je
ne	(pas などとともに) ～ない	ne	ne

◇【エ】に近い【ウ】。 この音になるつづりは **eu** か **œu**。

deux	2 (の)	deux	deux
jeu	遊び	jeu	jeu
nœud	結び目	nœud	nœud

◇ **u** は【ユ】[y]。【ウ】と聞こえたときは **u** ではない。

tu 君は　tu　tu

l**u**ne 月　lune　lune

ポイント 2 【エ】となるつづりを覚えよう。 060

◇ つづり字記号付きの **e** は【エ】。
発音記号は [ɛ] または [e]。

p**è**re 父　père　père

t**ê**te 頭　tête　tête

été 夏　été　été

No**ë**l クリスマス　Noël　Noël

◇ 後に子音字が 2 つ続く **e**、語末の子音字の前の **e** は【エ】。
発音記号は [ɛ] または [e]。

r**est**aurant レストラン　restaurant　restaurant

c**es** これらの　ces　ces

m**er** 海　mer　mer

◇ **ai** は【エ】。
発音記号は [ɛ]。

aimer 好む、愛する　aimer　aimer

m**ai**s しかし　mais　mais

✻ **太字**に注意して次の語を聞いてみましょう。 061

vin	ワイン
bain	風呂
pain	パン
long	長い
rond	丸い
gong	ゴング

ポイント 3 b と v、b と p、f と v を聞き分けよう。 062

◇**b, p, v** のアルファベを違いが聞き取れるよう、繰り返し聞いてみよう。

b　　p　　v

◇**b** も **p** も唇を合わせて出す音。違いを聞き取ってみよう。

bon　よい	bon	bon
pont　橋	pont	pont
bar　バー	bar	bar
par　～を通って	par	par

◇**b** は唇を合わせて出す音。**v** は唇の上下が触れるか触れないかくらいにして出す音。

billet　切符	billet	billet
vieillir　年をとる	vieillir	vieillir
fin　終わり	fin	fin
vin　ワイン	vin	vin

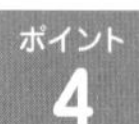

ポイント 4 lとr、rとgを聞き分けよう。 063

◇ **l, r** のアルファベを違いが聞き取れるよう、 繰り返し聞いてみよう。

l　　　r

◇ **l** と **r** は全く異なる音。 よく聞いて違いを聞き取ろう。

lien 関係	lien	lien
rien 何もない	rien	rien
fou**l**e 群衆	foule	foule
fou**r** オーブン	four	four

◇ **r** の音と **g** の音とを間違えないようにしよう。

gare 駅	gare	gare
rare まれな	rare	rare
gomme 消しゴム	gomme	gomme
Rome ローマ	Rome	Rome
ride しわ	ride	ride
guide ガイド	guide	guide
roue 輪	roue	roue
goût 味	goût	goût

発音してみよう！

音声を聞いて、**太字**に注意しながら発音しましょう。 064

(1) **r**ouge 赤い

(2) **l**oup 狼

(3) **l**eur 彼（女）らの、彼（女）らに

(4) **r**ue 通り

(5) **l**ire 読む

(6) **r**ire 笑う、笑い

(7) li**b**re 自由な

(8) li**v**re 本

(9) b**l**anc 白い

(10) b**r**un 茶色の

(11) **r**oi 王

(12) **l**oi 法律

(13) g**oû**ter 味をみる

(14) r**ou**te 道路

(15) s**u**r ～の上に

(16) s**ou**s ～の下に

(17) s**œu**r 姉妹

(18) s**ou**pe スープ

(19) g**r**is 灰色の

(20) g**l**isser 滑る

(21) **ou** または

(22) **eu**x 彼ら

(23) b**ou**le 玉、ボール

(24) b**u**lle 泡

(25) **é**couter 聞く

(26) **ai**der 助ける

Chapitre 2

1 エリズィオン・アンシェヌマン・リエゾン

＊音声を聞いて、聞こえた語を空欄に書きましょう。065

1 Elle ______________ Hélène.

2 Elle _____ cinq _________.

3 Voici Thomas, mon _________.

4 Ils _________ deux ________________.

1 s'appelle　2 a, ans　3 ami　4 ont, enfants

ポイント 1 エリズィオンとは、語末の母音字を省略すること。次に続く語が母音字や無音の h から始まる場合に行う。066

◇ **語末の母音字を省略し、'（アポストロフ）を置く。** ◀1

1 Elle **s'appelle** Hélène.　彼女の名前はエレーヌです。

× Elle se appelle Hélène. → ○ Elle **s'**appelle Hélène.

◇ **エリズィオンする語は 11 ある。 まずは 10 語を覚えよう。**

ce → c'	de → d'	je → j'	la → l'
le → l'	me → m'	ne → n'	se → s'
te → t'	que* → qu'		

* que を含む jusque や puisque などの語もエリズィオンする

× Ce est le ami de Hélène. → ○ **C'**est **l'**ami **d'**Hélène.

これはエレーヌの友人です。

× Que est-ce que ce est ? → ○ **Qu'**est-ce que **c'**est ?

これは何ですか。

◇ **残りの１語は si。次の点に注意が必要。**

si は後に il または ils が続くときのみ、エリズィオンする。

Un café, **s**'il vous plaît.　　コーヒーをひとつお願いします。

Si on allait au cinéma ?　　映画に行こうか?

◇ **半母音になる y や有音の h から始まる語の前では、エリズィオンしない。**

le yaourt　ヨーグルト

yaourt の語源はブルガリア語。外来語を語源とする語の場合、語頭の y は半母音 [j]。半母音は母音ではない。

le haricot　インゲン豆

発音しないが、音があるとみなされる有音の h の前では、エリズィオンしない。

ポイント 2 アンシェヌマンとは、発音する語末の子音を、次に続く語とつなげて発音すること。 067

◇ **次に続く語が母音字や無音の h で始まる場合に行う。** ◀2

2 **Elle a cinq ans.**　　彼女は５歳です。

単独では elle【エル】 a【ア】 cinq【さンク】 ans【アン】

文になると El**le a** cin**q ans**.

【 エラ　　さンカン 】

Il habite à Lyon.　　彼はリヨンに住んでいる。

単独では il【イル】 habite【アビットゥ】 à【ア】

文になると **Il ha**bi**te à** Lyon.

【 イラビタ 】

ポイント 3 リエゾンとは、単独では発音しない語末の子音字を、次に続く語とつなげて発音すること。 068

◇ **次に続く語が、母音字や無音の h で始まる場合に行う。** ◀3

3 Voici Thomas, **mon ami**. これはトマ、私のボーイフレンドです。

単独では mon【モン】 ami【アミ】

文になると Voici Thomas, mo**n** **a**mi.

【モナミ】

C'est un hôtel. それはホテルです。

単独では c'est【セ】 un【あン】 hôtel【オテル】

文になると C'es**t** **un** **hô**tel.

【 セたンノテル 】

Vous êtes français ? あなた（方）はフランス人ですか?

単独では vous【ヴ】 êtes【エットゥ】

文になると Vou**s** **ê**tes français ?

【 ヴゼットゥ】

◇ **語末の発音しない s と x は、リエゾンするとザ行音になる。** ◀4

4 Il**s** **o**nt deu**x** **e**nfants. 彼らにはふたり子どもがいます。

Il est di**x** **h**eures. 10 時です。

◇ **リエゾンは、必ずする場合と、してはいけない場合、どちらでもいい場合がある。**

__ ：リエゾンを必ずする　　〰 ：リエゾンしてもしなくてもよい

/ ：リエゾンしてはいけない

Vous êtes étudiant ? あなたは学生ですか。

Vincent / aime les oranges. ヴァンサンはオレンジが好きです。

◇ 書き取りのためには、リエゾンを必ずする場合を知っておく。

・冠詞と名詞の間

u**n a**rbre　木

le**s a**rbres　木々

・形容詞と名詞の間

le**s a**ncien**s é**tudiants　卒業生

・chez, dans, en, sans, sous などの前置詞と（冠詞+）名詞の間

che**z un a**mi　友人宅

e**n h**iver　冬に

・très, tout などの副詞と形容詞の間

trè**s heu**reux　とても幸福な

tou**t e**ntier　丸ごと

・主語人称代名詞と動詞の間

Vou**s ha**bitez e**n I**talie ?　あなたはイタリアに住んでいるのですか。

＊名詞・固有名詞と動詞の間はリエゾンしてはいけない

Le printemps / est arrivé.　春が来た。

Vincent / arrive à Paris demain.　ヴァンサンは明日パリに着く。

・目的語代名詞と動詞の間

On vou**s a**ttend.　あなたを待っています。

Il le**s a** achetés.　彼はそれらを買った。

・倒置疑問形など、動詞と主語代名詞の間

Es**t-i**l content ?　彼は喜んでいるのですか。

・肯定命令形で、動詞と代名詞 **en, y** の間

Alle**z-y**.　行きなさい。

Pren**ds-e**n.　（それを）とりなよ。

・成句など

de temp**s e**n temps　時々

peti**t à** petit　少しずつ

069　✻ petit mémo ✻

●数を用いた表現では、リエゾンやアンシェヌマンによる音の変化に気をつけましょう。

●時刻の表現

Il est ～ heure(s).　～時です。　　à ～ heure(s)　～時に

1時	une heure	2時	deux heures
3時	trois heures	4時	quatre heures
5時	cinq heures	6時	six heures
7時	sept heures	8時	huit heures
9時	neuf heures	10時	dix heures
11時	onze heures	21時	vingt-et-une heures
昼の12時	midi	夜の12時	minuit
～時半	et demie		
15分過ぎ	et quart	15分前	moins le quart

書き取りにチャレンジ！

1. 音声を聞いて、下線部を書き取りましょう。 070

(1) Vincent a trente-six ______. ____ ________ à Tokyo. Il adore ________ japonais.

(2) J'attends mon _______ japonais. Il ____________ Seiji. ____ __________ demain.

(3) Henri prête souvent _______ ______________. Il est très ____________.

2. 音声を聞いて、下線部を書き取りましょう。 071

(1) .... à Paris ?

(2) Il ....

(3) Qu'est-ce que .... ? .... ?

(4) .... vingt-deux ....

解答

1. (1) Vincent a trente-six ans. Il habite à Tokyo. Il adore l'art japonais. ヴァンサンは36歳です。彼は東京に住んでいます。日本の芸術が大好きです。 (2) J'attends mon ami japonais. Il s'appelle Seiji. Il arrive demain. 私は日本人の友人を待っています。 彼の名はセイジ。 彼は明日到着します。 (3) Henri prête souvent son ordinateur. Il est très aimable. アンリはよく自分のパソコンを貸しています。 彼はとてもいい人です。
2. (1) Vous habitez à Paris ? あなたはパリに住んでいますか。 (2) Il est trois heures. 3時です。 (3) Qu'est-ce que c'est ? Un hôtel ? これは何? ホテル? (4) Il a vingt-deux ans. 彼は22歳です。

② 名詞：単数と複数

※ 音声を聞いて、聞こえた語を空欄に書きましょう。 072

1 Jean a ______ __________. Il adore

________ ____________.

2 Odette déteste ________ ____________.

3 Nous avons un fils, Guy et Anne ont

deux __________.

4 Marcel aime ______ ________ et ______

____________________.

5 Il y a quelques ______________________

dans la salle.

1 un chat, les chats　　2 les animaux　　3 fils
4 le thé, les biscuits　　5 étudiants

ポイント 1　名詞の複数形は語末に s をつける。 ただしこの s は発音しないので、 音の変化がない。

複数形になっても音は変化しないので、 単数か複数かは冠詞や所有形容詞、 指示形容詞、 数詞などで判断する必要があります。 073

◇ **複数形の s は発音しない。 名詞が単数か複数かを聞き分けるには、 冠詞、 指示形容詞、 所有形容詞をしっかりと聞き取ろう。** ◀1

1 Jean a **un chat**. Il adore **les chats**.

ジャンはネコを 1 匹飼っている。 彼はネコが大好きだ。

・冠詞

Paul achète **un livre**. ポールは本を１冊買う。

Paul achète **des livres**. ポールは本（複数）を買う。

Voici **la** petite **sœur** de Marie. こちらがマリの妹です。

Voici **les** petites **sœurs** de Marie. こちらがマリの妹たちです。

・指示形容詞

Je connais **cet homme**. 私はこの男を知っている。

Je connais **ces hommes**. 私はこの男たちを知っている。

・所有形容詞

Mon grand **frère** est gentil. 私の兄は優しい。

Mes grands **frères** sont gentils. 私の兄たちは優しい。

Votre ticket, s'il vous plaît. あなたの切符を拝見します。

Vos tickets, s'il vous plaît. あなたの切符（複数）を拝見します。

◇３人称複数形の所有形容詞「彼ら・彼女らの」は、所有する対象が単数でも複数でも音が同じ。

３人称複数形の所有形容詞は、所有する対象が単数形なら leur、複数形なら leurs ですが、音は同じです。聞き取りや書き取りの際は文脈に注意して判別しましょう。

Ils partent avec **leur fille**, **Lucie**.
彼らは娘のリュシーと一緒に出発する。

Ils partent avec **leurs filles**, **Lucie et Anne**.
彼らは娘のリュシーとアンヌと一緒に出発する。

ポイント 2 特殊な複数形を覚えよう。 074

◇ **語末が -eu, -au, -ou, -eau の名詞の複数形は、 s ではなく x をつける。**

＊一部例外もあります。

Marion a **les cheveux** longs.

マリオンは髪が長い。（単数は cheveu）

Ce sont **des noyaux** de pêche.

これらはモモの種です。（単数は noyau）

Elle porte **des bijoux**.

彼女は宝石を身につけている。（単数は bijou）

Il y a **des oiseaux** sur le toit.

屋根の上に鳥がいる。（単数は oiseau）

◇ **語末が -al, -ail の名詞の複数形は -aux 。** ◀2

＊一部例外もあります。

2 Odette déteste **les animaux**.

オデットは動物が大嫌いだ。（単数は animal）

Louis aime **les chevaux**. ルイは馬が好きだ。（単数は cheval）

Il y a **des travaux** dans cette rue.

この通りでは工事が行われている。（単数は travail、 複数で「工事」）

◇ **単数と複数で形が大きく異なる名詞や、発音がかなり異なる名詞もある。**

J'ai mal **aux yeux**. 私は目が痛い。（単数は œil「片目」）

Il reste **deux œufs** ou **un œuf** ?

卵はふたつ残ってる、 それともひとつ?

◇ **s や x で終わる名詞には、複数の s をつけない。 単数と複数は同じ形。**

◀3

3 Nous avons un fils, Guy et Anne ont **deux fils**.

私たちには息子がひとり、 ギーとアンヌには息子がふたりいる。

Tu visites **ces pays** ? – Non, je ne visite qu'un pays.

君はこれらの国を訪問するの? —いや、1か国しか訪問しないよ。

J'adore **les noix**.　私はクルミが大好きだ。

ポイント 3 可算名詞? 不可算名詞? 表現とともに使い分けを覚えよう。 075

◇ **可算名詞とは何か? 不可算名詞とは何か?**

・**可算名詞**　ひとつ、ふたつと数えられるもの

・**不可算名詞**　数えられないもの、量るもの

液体や気体	水 eau、空気 air など
粉や細かい粒状のもの	小麦粉 farine、米 riz など
半固形状のもの	バター beurre、クリーム crème など
塊状のもの	肉 viande、チーズ fromage など
抽象名詞	愛 amour、友情 amitié など
その他	お金 argent、空間 espace など

◇ **好き嫌いを言う場合、 可算名詞は複数形に、 不可算名詞は単数形にする。** ◀4

4 Marcel aime **le thé** et **les biscuits**.

マルセルは紅茶とクッキーが好きだ。

＊ thé「紅茶」は不可算名詞。biscuit「クッキー」は可算名詞

◇ **数量表現を用いる際、可算名詞は複数形、不可算名詞は単数形にする。**

Il mange **beaucoup de pommes**.

彼はリンゴをたくさん食べる。

＊ pomme「リンゴ」は可算名詞

Il boit **beaucoup de lait**.　彼は牛乳をたくさん飲む。

＊ lait「牛乳」は不可算名詞

◇ **数量表現を覚えよう。** ◀5

5 Il y a **quelques étudiants** dans la salle.

教室には数名の学生がいる。

多くの（量の・数の）	**beaucoup d'**eau　大量の水
	beaucoup de monde　大勢の人
	beaucoup de touristes　大勢の観光客
多くの（数の）	**plusieurs** étudiants　大勢の学生
十分な（量・数の）	**assez de** viande　十分な肉
	assez d'œufs　十分な卵
少しの（量の）	**un peu de** sel　少しの塩
いくつかの（数の）	**quelques** livres　何冊かの本
いくらかの（量の）	**quelque** argent　いくらかのお金
多すぎる（量・数の）	**trop d'**huile　多すぎる油
	trop de gens　多すぎる人
1キログラムの	**1 kilo de** viande　1キロの肉
	1 kilo d'oranges　1キロのオレンジ

書き取りにチャレンジ！

1. 音声を聞いて、下線部を書き取りましょう。 076

(1) Céline est très coquette. Elle a ________ de ________ et de ________.

(2) ________ ________ restent encore dans le salon.

(3) Fabien a ________ ________ verts et ________ ________ blonds.

(4) Mes ________ français aiment bien ________ ________.

2. 音声を聞いて、下線部を書き取りましょう。 077

(1) Vous visitez .... ?

(2) .... sont très gentils.

(3) Ils adorent ....

(4) Je cherche ....

解答

1. (1) Céline est très coquette. Elle a <u>beaucoup</u> de <u>bijoux</u> et de <u>robes</u>. セリーヌはとてもお洒落です。たくさんの宝石とドレスを持っています。 (2) <u>Quelques personnes</u> restent encore dans le salon. 数名の人がまだロビーにいる。 (3) Fabien a <u>les yeux</u> verts et <u>les cheveux</u> blonds. ファビアンの目は緑色で金髪だ。 (4) Mes <u>amis</u> français aiment bien <u>le vin</u>. 私のフランス人の友人たちはワインがかなり好きだ。
2. (1) Vous visitez <u>ce pays</u> ? あなた（方）はこの国を訪れるのですか？ (2) <u>Ses parents</u> sont très gentils. 彼（女）の両親はとても親切です。 (3) Ils adorent <u>les animaux</u>. 彼らは動物が大好きです。 (4) Je cherche <u>mes clés</u>. 私は鍵を探しています。

③ 動詞：直説法現在形

✻ 音声を聞いて、聞こえた語を空欄に書きましょう。 078

1 Tes parents, qu'est-ce qu'ils ________ de notre projet ?

2 Ton père, qu'est-ce qu'il ________ de notre projet ?

3 Ils ________ l'un l'autre.

4 Qu'est-ce que tu ________ comme dessert ?

5 Chaque matin, elle ________ le bus.

6 Vous ________ bien.

7 Vous aimez ________ ?

1 pensent　2 pense　3 s'aiment　4 prends
5 prend　6 chantez　7 chanter

ポイント 1 er 動詞の直説法現在形は、同じ音の活用形に注意。特に 3 人称主語の場合に気をつけよう。 079

er 動詞 marcher「歩く」を例に、全人称の活用を確認しましょう。

	単数	活用語尾の音	複数	活用語尾の音
1 人称	je marche	無音	nous marchons	【オン】
2 人称	tu marches	無音	vous marchez	【エ】
3 人称	il marche elle marche	無音 無音	ils marchent elles marchent	無音 無音

＊ march**e**、march**es**、march**ent** はすべて同じ発音です。

◇ **主語が単数と 3 人称複数の場合、活用語尾は無音。**

活用形は同じ発音なので注意! 主語をしっかりと聞き取りましょう。

Ce garçon **marche** vite. この少年は早足で歩く。

Ces garçons **marchent** vite. この少年たちは早足で歩く。

◇ **主語が 3 人称の代名詞 (il, ils, elle, elles) の場合は、代名詞が指しているものに注意!** ◀1 2

① Tes parents, qu'est-ce qu'**ils** **pensent** de notre projet ? 君のご両親は我々の計画についてどう思っているの?

主語が tes parents を指していることがわかれば、ils pensent と書き取れます。

② Ton père, qu'est-ce qu'**il** **pense** de notre projet ? 君のお父さんは我々の計画についてどう思っているの?

主語が ton père を指していることがわかれば、il pense と書き取れます。

◇ **代名動詞に注意しよう。** ◀3

③ Ils **s'aiment** l'un l'autre. 彼らは互いに愛し合っている。

「互いに〜する」という意味で用いられる代名動詞があるのでチェックしておきましょう。(相互的用法)。その場合主語は複数となります。

また l'un l'autre「互いに」のように、主語が複数であることが推測できるような表現にも注意を払いましょう。

Elles **se téléphonent** tous les jours. 彼女たちは毎日電話をかけ合う。

◇ **母音から始まる動詞は、主語が ils, elles の場合、リエゾンする。**

主語の代名詞と動詞でリエゾンするので、単数か複数かの違いに気づきやすいです。

Elle **adore** le chocolat. 彼女はチョコレートが好きだ。

Elle**s adorent** la campagne. 彼女たちは田舎が大好きだ。

er 動詞以外も、直説法現在形では、単数の活用は同じ発音であることが多いので注意。 080

ir 動詞　choisir「選ぶ」

	単数	複数
1人称	je choisis	nous choisissons
2人称	tu choisis	vous choisissez
3人称	il choisit elle choisit	ils choisissent elles choisissent

不規則動詞　mettre「置く、身につける」

	単数	複数
1人称	je mets	nous mettons
2人称	tu mets	vous mettez
3人称	il met elle met	ils mettent elles mettent

不規則動詞　recevoir「受け取る」

	単数	複数
1人称	je reçois	nous recevons
2人称	tu reçois	vous recevez
3人称	il reçoit elle reçoit	ils reçoivent elles reçoivent

＊ choisis と choisit、mets と met、reçois と reçoit はそれぞれ同じ発音です。

◇ **主語をしっかり聞き取り、 つづりの間違いに注意しよう。**

主語が単数の場合、 活用形の音は同じでも、 つづりは違うことに注意しましょう。 ◀ 4 5

4 Qu'est-ce que <u>tu</u> **prends** comme dessert ?

君はデザート、 何にする?

5 Chaque matin, <u>elle</u> **prend** le bus. 毎朝、 彼女はバスに乗る。

◇ **意味上は複数でも、 活用は単数の扱いのものがあるので、 注意しよう。**

<u>Tout le monde</u> **part** ce soir. すべての人が今晩発つ。

Pierre, <u>on</u> **mange** ici ? ピエール、 私たちここで食べようか。

ポイント 3

直説法現在形 vous の活用は、 ほとんどの動詞で語尾の音が「エ段」になる。 er 動詞の場合は不定詞と混同しないように注意！ 081

◇ **不定詞を導く動詞や表現がないか注意を払おう。** ◀ 6 7

6 Vous **chantez** bien. あなた（方）は歌が上手です。

7 Vous <u>aimez</u> **chanter** ? あなた（方）は歌うのが好きですか。

＊ aimer +不定詞 「～するのが好きだ」 → p.80

Vous **travaillez** beaucoup ! あなた（方）はよく働きますね！

Vous <u>devez</u> **travailler** demain ?

あなた（方）は明日働かねばならないのですか。

＊ devoir +不定詞 「～しなければならない」 → p.81

Achetez-vous quelque chose ? あなた（方）は何か買いますか。

Je <u>voudrais</u> **acheter** cette robe.

私はこのワンピースを買いたいのですが。

＊ je voudrais +不定詞 「～したいのですが」 → p.80

◇ **vous の活用が ez で終わらない動詞は 3 つだけ。 覚えてしまおう。**

・**être**「である」

Vous **êtes** nombreux. あなたたちは大人数ですね。

・**dire**「言う」

Est-ce que vous **dites** la vérité ?

あなた（方）は真実を述べていますか。

・**faire**「する、つくる」

Vous **faites** souvent la cuisine ?

あなた（方）はよく料理をしますか。

082 ✻petit mémo✻

●年齢の表現

avoir ～ an(s)　～歳だ

à l'âge de ～ ans　～歳で

1 歳	un an	2 歳	deux ans
3 歳	trois ans	9 歳	neuf ans
20 歳	vingt ans	21 歳	vingt-et-un ans
30 歳	trente ans	32 歳	trente-deux ans
40 歳	quarante ans	50 歳	cinquante ans
60 歳	soixante ans	70 歳	soixante-dix-ans
80 歳	quatre-vingts-ans	81 歳	quatre-vingt-un ans
90 歳	quatre-vingt-dix ans		
100 歳	cent ans		

書き取りにチャレンジ！

1. 音声を聞いて、 下線部を書き取りましょう。 083

(1) ______ ______________ où le midi, tes enfants ?

______ ______________ à la maison ?

(2) ______ ______________ une amie ce week-end. ______

______________ à Paris ce soir.

(3) Qu'est-ce qu'______ ______ ? ______________

mal. Est-ce que tout le monde ______________ ?

2. 音声を聞いて、 下線部を書き取りましょう。 084

(1) Chaque matin, ______________________ le bus.

(2) ______________________ le chocolat.

(3) ______________________ vite.

(4) ______________________ quatre fois par semaine.

解答

1. (1) Ils mangent où le midi, tes enfants ? Ils rentrent à la maison ? 君の子どもたち、 どこでお昼を食べるの? 家に戻って来るのかい? (2) On reçoit une amie ce week-end. Elle arrive à Paris ce soir. 今週末、 友人を迎えるんだ。 彼女は今晩パリに着くんだよ。 (3) Qu'est-ce qu'il dit ? J'entends mal. Est-ce que tout le monde entend ? 彼はなんて言ってるんだ?よく聞こえない。みんなは聞こえているんだろうか?
2. (1) Chaque matin, mon frère prend le bus. 毎朝、 弟（兄）はバスに乗る。 (2) Elles adorent le chocolat. 彼女たちはチョコレートが大好きです。 (3) Ces filles marchent vite. この少女たちは歩くのが速い（速く歩く）。 (4) Ils se téléphonent quatre fois par semaine. 彼らは 1 週間に 4 回電話をかけ合う。

4 動詞：複合過去形・半過去形

✲ 音声を聞いて、聞こえた語を空欄に書きましょう。 085

1 ________ ________ heureux jusqu'à l'année dernière.

2 Avant ________________ heureux mais je ne le suis plus.

3 Elle ______ ______________ des livres illustrés pour ses cousins.

4 À cette époque, elle ________________ souvent des livres illustrés pour ses cousins.

1 J'ai été　2 j'étais　3 a apporté　4 apportait

ポイント 1 複合過去形の助動詞は avoir または être。

まずは、各動詞がどちらの助動詞を用いるかをチェックしましょう。 086

◇ **複合過去形の作り方**

① **avoir（直説法現在形）＋ 動詞の過去分詞**　＊多くの動詞

例：chanter

j'ai chanté	nous avons chanté
tu as chanté	vous avez chanté
il a chanté	ils ont chanté
elle a chanté	elles ont chanté

② **être**（直説法現在形）＋ 動詞の過去分詞

＊移動に関する自動詞。過去分詞は主語と性・数一致。

例：aller

je suis allé(e)	nous sommes allé(e)s
tu es allé(e)	vous êtes allé(e)(s)
il est allé	ils sont allés
elle est allée	elles sont allées

③ 再帰代名詞＋ **être**（直説法現在形）＋ 動詞の過去分詞

＊代名動詞。多くの場合、過去分詞は再帰代名詞と性・数一致。

例：se lever

je me suis levé(e)	nous nous sommes levé(e)s
tu t'es levé(e)	vous vous êtes levé(e)(s)
il s'est levé	ils se sont levés
elle s'est levée	elles se sont levées

ポイント 2 助動詞 avoir の活用形の音と、過去分詞の最初の音のつながりに注意。

助動詞に **avoir** を用いるとき、**avoir** の活用形の音と、その後に続く過去分詞の語頭の音が同じだったり似ていたりする場合、1音に聞こえてしまいがち。半過去形と間違えないように気をつけましょう。 087

◇ **être の過去分詞と半過去形を混同しない。特に je の活用に気をつけよう。** ◀ 1 2

1 **J'ai été** heureux jusqu'à l'année dernière.

昨年までは私は幸せだった。

2 Avant **j'étais** heureux mais je ne le suis plus.

以前私は幸せだったが、もはやそうではない。

◇ **j'ai の後に、【エ】と聞こえる音から始まる er 動詞の過去分詞が続く場合。**

J'**ai écouté** la radio hier soir. 昨夜私はラジオを聞いた。

J'**écoutais** la radio dans ma chambre quand on a frappé à la porte.

部屋でラジオを聞いているとだれかがドアをノックした。

◇ **3 人称単数が主語で、【ア】と聞こえる音から始まる er 動詞の過去分詞が続く場合。** ◀ 3 4

3 Elle **a apporté** des livres illustrés pour ses cousins.

彼女はいとこたちのために絵本を持ってきた。

4 À cette époque, elle **apportait** souvent des livres illustrés pour ses cousins.

当時、 彼女はいとこたちのためによく絵本を持ってきたものだ。

ポイント 3 半過去形は単数と 3 人称複数の活用形の音が同じ。混同しないよう気をつけよう。 088

◇ **半過去形の活用語尾**

	単数	複数
1 人称	je -ais	nous -ions
2 人称	tu -ais	vous -iez
3 人称	il/elle -ait	ils /elles -aient

半過去形の語幹は、 各動詞の直説法現在の nous の活用形から、 活用語尾の -ons を取ったものです。 faire なら nous faisons → fais- が語幹。 ただし、 être は ét- が語幹です。

◇ **単数の活用形は音が同じ。 主語に注意する。**

Tu **faisais** du sport quand tu étais plus jeune ?

君はもっと若い頃スポーツをしていたのかい?

Je suis sorti avec mes enfants parce qu'il **faisait** très beau. 天気がとてもよかったので私は子どもたちと出かけた。

◇ 3 人称は、単数と複数を音で判別できないので、文脈に注意する。

Avant mes parents habitaient à Paris. Ils **visitaient** souvent les musées.

以前、私の両親はパリに住んでいた。彼らはよく美術館を訪れていた。

＊ ils は mes parents を指しているので活用は 3 人称複数形

複合過去形と半過去形の基本的な用法を理解しよう。 089

◇ 状況補語や副詞に注意を払おう。複合過去か半過去かを判別するヒントになる場合がある。

複合過去形	半過去形
過去にしたこと、起こったこと、経験したこと（過去の行為・出来事・経験）	過去の状態、習慣、過去のある時点で進行中や継続中だったこと

L'année dernière, ma tante **a assisté** à cette cérémonie. 昨年おばはその式典に出席した。（おばが昨年したこと）

Chaque année, ma tante **assistait** à cette cérémonie.

おばは毎年その式典に出席していた。（おばが習慣としていたこと）

◇ 限られた期間が示される場合は複合過去形と考えよう。

Elle **a habité** en France pendant cinq ans.

彼女は 5 年間フランスに住んだ。

Jacques **est resté** à la maison toute la journée.

ジャックは一日中家にいた。

Luc **a travaillé** dans ce magasin jusqu'à l'âge de 30 ans. リュックは 30 歳になるまでこの店で働いた。

◇ **習慣性を意味する語句や現在との対比を示す表現に注意を払おう。半過去形とともに用いられることが多い。**

Philippe **adorait** sa grand-mère. Il **allait** souvent chez elle.

フィリップは祖母のことが大好きだった。彼は彼女の家によく行っていた。

Les parents de Philippe **habitaient** à Cannes. Ils **se promenaient** toujours au bord de la mer.

フィリップの両親はカンヌに住んでいた。彼らはいつも海岸を散歩したものだった。

「よく」souvent や「いつも、常に」toujours は習慣性を意味し、半過去形とともに使われます。

Avant **j'étais** fonctionnaire, maintenant je travaille dans une entreprise privée.

以前私は公務員だったが、現在は民間企業で働いている。

「以前は」avant や「その当時」à cette époque, à l'époque などは、過去の状況や状態を言うときの表現なので半過去形が用いられます。

090 ＊petit mémo＊

● 4 桁の数字は、西暦年などを言うときによく用いられます。

1789　mille-sept-cent-quatre-vingt-neuf

2020　deux-mille-vingt

● en ～　～年に

en mille-neuf-cent-cinquante　1950 年に

書き取りにチャレンジ！

1. 音声を聞いて、下線部を書き取りましょう。 091

(1) Dorothée ____ ______________ un kilo de pommes.

(2) J' _____ _______ ma grand-mère à nettoyer la maison.

(3) Mon frère _________________ souvent du rock quand il ____________ plus jeune.

(4) Avant ils ___________________ du sport, vos parents ?

2. 音声を聞いて、下線部を書き取りましょう。 092

(1) .... sa tante. .... souvent avec elle.

(2) .... la radio ce matin.

(3) .... l'année dernière.

(4) ...., Paul .... fonctionnaire mais il ne l'est plus.

解答

1. (1) Dorothée a acheté un kilo de pommes. ドロテはリンゴを1キロ買った。 (2) J'ai aidé ma grand-mère à nettoyer la maison. 私は祖母が家の掃除をするのを手伝った。(3) Mon frère écoutait souvent du rock quand il était plus jeune. 弟はもっと若い頃はよくロックを聞いていた。 (4) Avant ils faisaient du sport, vos parents ? あなたのご両親は以前はスポーツをしていたのですか?
2. (1) Elle adorait sa tante. Elle voyageait souvent avec elle. 彼女はおばが大好きだった。よくおばと一緒に旅行していた。 (2) J'ai écouté la radio ce matin. 私は今朝ラジオを聞いた。 (3) J'ai été heureuse jusqu'à l'année dernière. 私（女）は去年までは幸せでした。 (4) Avant, Paul était fonctionnaire mais il ne l'est plus. 以前ポールは公務員でしたが、今はそうではありません。

5 性・数一致

✻ 音声を聞いて、聞こえた語を空欄に書きましょう。 093

1 Cette histoire est ________________.

2 Cette robe __________ me plaît beaucoup.

3 Ils sont ____________ à l'heure.

4 Paulette ? Je l'ai ________ hier.

5 Amélie est très __________ de tout le monde.

1 intéressante　2 bleue　3 arrivés　4 vue　5 aimée

ポイント 1 形容詞はかかる名詞と性・数一致する。

男性形と女性形で音が異なる形容詞も、同音の形容詞もあるので気をつけましょう。また、単数と複数は同音なので注意しましょう。 094

◇ **語末が無音の子音の場合、男性形と女性形の音が異なる。** ◀1

1 Cette histoire est **intéressante**.　この話はおもしろい。

Ce livre est **intéressant**.　この本はおもしろい。

◇ **語末が母音字や発音される子音字の場合、男性形と女性形に音の違いはない。かかる名詞の性に気をつけよう。** ◀2

2 Cette robe **bleue** me plaît beaucoup.

この青いワンピースがとても気に入っています。

Ce pull **bleu** me plaît beaucoup.

この青いセーターがとても気に入っています。

◇ **複数の s は無音。かかる名詞の数にも気をつけよう。**

Ces livres sont **intéressants**. これらの本はおもしろい。

Ces histoires sont **intéressantes**. これらの話はおもしろい。

ポイント 2 助動詞 être を用いる複合過去形では、過去分詞が主語の性・数に一致する。 ◀3 095

◇ **助動詞 être を用いる動詞をチェック。多くないので覚えてしまおう。**

・**助動詞 être を用いる主な動詞。(　) 内は過去分詞。**

aller (allé) 行く
venir (venu) 来る
partir (parti) 出発する
arriver (arrivé) 到着する
sortir (sorti) 出る
entrer (entré) 入る
rentrer (rentré) 帰る
revenir (revenu) 戻る
monter (monté) 上がる
descendre (descendu) 降りる
tomber (tombé) 転ぶ、落ちる
rester (resté) とどまる、いる
naître (né) 生まれる
mourir (mort) 死ぬ

＊ mourir 以外の動詞の過去分詞は、男・女、単数・複数形の音の違いはない。

3 Ils sont **arrivés** à l'heure. 彼らは時間通りに到着した。

Léa est **née** en 2000. レアは 2000 年に生まれた。

Elles sont **nées** en 2000. 彼女たちは 2000 年に生まれた。

◇ **代名動詞の複合過去形は助動詞 être を用いる。過去分詞は再帰代名詞が直接目的語の場合に、その性・数に一致する。**

Marc s'est **levé** à 7 heures. マルクは 7 時に起きた。

Céline s'est **levée** à 6 heures. セリーヌは 6 時に起きた。

Les enfants se sont **couchés** tôt. 子どもたちは早めに寝た。

＊再帰代名詞が間接目的語の場合、過去分詞は再帰代名詞と性・数一致をしない。

Marc et Céline se sont **parlé** au téléphone hier soir.

マルクとセリーヌは昨夜電話で話し合った。（se は間接目的語）

ポイント **3** 助動詞 avoir を用いる複合過去形では、直接目的語が動詞より前にあるとき、過去分詞は直接目的語の性・数と一致する。 ◀4 096

◇ **動詞の前の直接目的語と過去分詞は性・数一致する。**

4 Paulette ? Je l'ai **vue** hier. ポレット? 昨日彼女に会ったよ。

Les assiettes qu'elle a **achetées** n'étaient pas chères.

彼女が買った皿は高くなかった。

ポイント **4** 受動態の過去分詞も、主語と性・数一致する。  097

◇ **受動態でも être が用いられる。**

5 Amélie est très **aimée** de tout le monde.

アメリはみんなから愛されている。

Les enfants ont été **grondés** par leur père.

子どもたちは父親に叱られた。

098 ＊petit mémo＊

●月名や曜日を覚えましょう。

en［月名］ ～月に　　le［曜日］ 毎週～曜日

1月 janvier　2月 février　3月 mars　4月 avril　5月 mai
6月 juin　7月 juillet　8月 août　9月 septembre
10月 octobre　11月 novembre　12月 décembre

月曜日 lundi　火曜日 mardi　水曜日 mercredi　木曜日 jeudi
金曜日 vendredi　土曜日 samedi　日曜日 dimanche

書き取りにチャレンジ！

1. 音声を聞いて、 下線部を書き取りましょう。 099

(1) Pourquoi sa ＿＿＿＿＿ amie n'est pas ＿＿＿＿＿ hier ?

(2) C'était une pièce très ＿＿＿＿＿＿＿＿＿＿. Je l'ai ＿＿＿＿＿.

(3) Ma mère a mis ses ＿＿＿＿＿ chaussures ＿＿＿＿＿. Puis elle est ＿＿＿＿＿.

2. 音声を聞いて、 下線部を書き取りましょう。 100

(1) ………………………… par leurs étudiants.

(2) Marie a acheté ………………………….

(3) ………………………… à l'heure.

(4) ………………………… tôt.

解答

1. (1) Pourquoi sa petite amie n'est pas venue hier ? どうして彼の恋人は昨日来なかったの? (2) C'était une pièce très intéressante. Je l'ai aimée. とてもおもしろいお芝居だった。ぼくは好みだったね。 (3) Ma mère a mis ses jolies chaussures noires. Puis elle est sortie. 母はきれいな黒い靴を履いた。そして出かけた。
2. (1) Ils sont respectés par leurs étudiants. 彼らは学生たちから尊敬されている。 (2) Marie a acheté cette robe bleue. マリーはその青いドレスを買った。 (3) Elles sont arrivées à l'heure. 彼女たちは時間通りに到着した。 (4) Ses filles se sont levées tôt. 彼（女）の娘たちは早く起きた。

6 動詞：不定詞

＊音声を聞いて、聞こえた語を空欄に書きましょう。 101

1 J'aime ______________.

2 Qu'est-ce que tu vas ______________ comme dessert ?

3 Un jour, je voudrais ______________ en Espagne.

4 Est-ce que je peux vous ______________ un petit service ?

5 Il faut ______________ sur ce sujet.

6 Il est interdit de ______________ dans ce quartier.

1 marcher　2 choisir　3 voyager　4 demander
5 discuter　6 stationner

ポイント 1 動詞は不定詞（活用しない形）が用いられることもある。 102

◇ **er** 動詞の場合、 不定詞、 過去分詞、 半過去形、 **vous** に対する命令形を、 音だけでは判別しにくい。

chanter「歌う」

不定詞	過去分詞	半過去形	命令形（vous）
chanter	chanté	je chantais	chantez

Il aime **chanter**. 彼は歌うのが好きだ。

Il a bien **chanté**. 彼は上手に歌った。

Avant il **chantait** toujours avec sa mère.
以前、彼はいつも母親と歌っていた。

Chantez plus fort, s'il vous plaît.
もっと大きな声で歌ってください、お願いします。

◇ **ir 動詞の場合は、不定詞、過去分詞、直説法現在形を判別しにくい。**

finir「終える」

不定詞	過去分詞	直説法現在形
finir	fini	je finis

Il faut **finir** à deux heures. 2時に終わらねばならない。

Ils ont enfin **fini** leur travail. 彼らはついに仕事を終えた。

Le cours **finit** à quelle heure ? 授業は何時に終わりますか。

◇ **不規則動詞の中には、活用形と不定詞がかなり異なるものがある。**

直説法現在形	過去分詞	不定詞	
j'ai	eu	avoir	持つ
je bois	bu	boire	飲む
je suis	été	être	～である、いる
je suis	suivi	suivre	後に続く、従う
je lis	lu	lire	読む
je mets	mis	mettre	置く、着る、付ける
je vais	allé	aller	行く
je viens	venu	venir	来る
je vois	vu	voir	見る、会う、わかる
je vis	vécu	vivre	生きる、生活する

je prends	pris	prendre	取る、乗る、食べる
je sais	su	savoir	知る、できる

ポイント 2 不定詞が後に続く動詞をチェックしておこう。 103

◇ 好き嫌いを表す動詞 **aimer, adorer, détester, préférer**

◀1

1 J'aime **marcher**. 私は歩くのが好きだ。

Je déteste **courir**. 私は走るのが大嫌いだ。

◇ 希望や意図を表す動詞 **espérer, souhaiter, penser**

Nous espérons **arriver** à l'heure.

私たちは時間通りに着きたい。

◇ 近接未来形は **aller** +不定詞。 近接過去形は **venir de** +不定詞。

◀2

2 Qu'est-ce que tu vas **choisir** comme dessert ?

デザートに何を選ぶつもり?

Jean va **partir** pour l'Italie demain matin.

ジャンは明朝イタリアに発つ予定だ。

Ils viennent d'**avoir** un bébé en septembre.

彼らには９月に赤ちゃんが生まれたばかりだ。

◇ 会話でよく使う **vouloir, pouvoir, devoir, savoir** ◀3 4

・「～したい」 **vouloir** ＋不定詞

Je veux **partir** tout de suite. 私はすぐに出発したい。

Voulez-vous bien **danser** avec moi ?

私と一緒に踊りませんか?

je voudrais は vouloir の条件法現在形で、丁寧に（控えめに）自分の希望を伝えることができる表現です。

[3] Un jour, je voudrais **voyager** en Espagne.
いつかはスペインを旅行したい。

・「～できる、～してよい」**pouvoir** ＋不定詞

[4] Est-ce que je peux vous **demander** un petit service ?
ちょっとお願いすることはできるでしょうか。（お願いしていいですか）

Vous pouvez **laisser** vos bagages ici.
ここに荷物を置いていっていいですよ。

・「～すべきだ」**devoir** ＋不定詞

Tu ne dois pas **sortir** ce soir.　君は今晩出かけるべきではない。

・「～できる」**savoir** ＋不定詞
＊「技能として身につけている」ことを表します。

Paul sait **jouer** du piano et de la guitare.
ポールはピアノとギターが弾ける。

ポイント 3 不定詞が後に続く表現を覚えておこう。 104

◇ **不定詞が続く非人称表現を覚えよう。** [5]

・「～しなければならない」**il faut** ＋不定詞

[5] Il faut **discuter** sur ce sujet.
このテーマについて話し合わなければならない。

Il ne faut pas **boire** de l'alcool en plein air.
屋外でアルコールを飲んではいけない。

・「～したほうがいい」**il vaut mieux** ＋不定詞

Il vaut mieux **payer** avec votre carte.

カードで支払ったほうがいいです。

◇ **de** ＋**不定詞を従える非人称表現を覚えよう。** ◀6

「～は禁止されている」	il est interdit de ＋不定詞
「～することはあり得る」	il est possible de ＋不定詞
「～することは不可能だ」	il est impossible de ＋不定詞
「～することは重要だ」	il est important de ＋不定詞

6 Il est interdit de **stationner** dans ce quartier.

この地区は駐車禁止です。

Il est possible de **garder** votre enfant demain.

あなたのお子さんを明日お預かりすることはできます。

Il est important d'**écouter** ses conseils.

彼（女）の忠告を受け入れることは重要だ。

◇ **前置詞の後に置かれる動詞は不定詞。**

Ils ont envie de te **voir**. 彼らは君に会いたがっている。

＊ avoir envie de ＋不定詞「～したい」

Appelle-moi avant de **rentrer**. 帰る前に私に電話をかけて。

＊ avant de ＋不定詞「～する前に」

Nous sommes entrés dans un magasin pour **acheter** de l'eau. 僕たちは水を買おうと店に入った。

＊ pour ＋不定詞「～するために」

書き取りにチャレンジ！

1. 音声を聞いて、下線部を書き取りましょう。 105

(1) Je n'aime pas ________________ la télévision.

(2) Vous devez ____________ à la maison cet après-midi.

(3) Il est impossible de __________________ avec lui.

(4) Nous avons quitté la grande ville pour _____________ une nouvelle vie.

2. 音声を聞いて、下線部を書き取りましょう。 106

(1) Anne .... vers 2 heures.

(2) .... le ticket avant ....

(3) J'ai .... en vacances !

(4) Vous .... du violon ?

解答

1. (1) Je n'aime pas <u>regarder</u> la télévision. 私はテレビを見るのが好きではない。 (2) Vous devez <u>rester</u> à la maison cet après-midi. あなた（方）は今日の午後は家にいなくてはなりません。 (3) Il est impossible de <u>travailler</u> avec lui. 彼と一緒に働くのは不可能だ。 (4) Nous avons quitté la grande ville pour <u>commencer</u> une nouvelle vie. 新しい生活を始めるために、我々は都会を離れた。
2. (1) Anne <u>va arriver</u> vers 2 heures. アンヌは2時ごろに到着するでしょう。 (2) <u>Il faut acheter</u> le ticket avant <u>d'entrer</u>. 入る前にチケットを買わなくてはなりません。 (3) J'ai <u>envie de partir</u> en vacances ! ヴァカンスに出かけたいなあ！ (4) Vous <u>savez jouer</u> du violon ? あなた（方）はヴァイオリンが弾けますか。

7 単純未来形、条件法現在形

✻ 音声を聞いて、聞こえた語を空欄に書きましょう。 107

1 Après mes études, je ______________ en France.

2 Comme ton père, tu ___________ un bon médecin.

3 Vous ______________ au bureau demain à 10 heures.

4 Je ______________ partir en vacances !

5 S'il fait beau demain, on _________ du tennis.

6 S'il faisait beau, on ______________ du tennis.

1 travaillerai　2 seras　3 viendrez　4 voudrais　5 fera　6 ferait

ポイント 1 単純未来形と条件法現在形の活用語尾の音はよく似ている。 108

◇ 活用形をチェック。 まずは単純未来形の活用語尾の音に慣れておこう。

je	-r**ai**	nous	-r**ons**
tu	-r**as**	vous	-r**ez**
il / elle	-r**a**	ils / elles	-r**ont**

動詞の原形の語末の r の後、または語末から数えて最初の r の後に活用語尾をつける。◀1

travailler → je travaillerai　　prendre → je prendrai

1 Après mes études, je **travaillerai** en France.

卒業後は、フランスで働くことになるだろう。

◇ **一部の動詞は特別な語幹を持つ。** ◀2

動詞の原形	語幹	je の活用形	動詞の原形	語幹	je の活用形
être	ser-	je serai	avoir	aur-	j'aurai
aller	ir-	j'irai	venir	viendr-	je viendrai
devoir	devr-	je devrai	envoyer	enverr-	j'enverrai
faire	fer-	je ferai	pouvoir	pourr-	je pourrai
voir	verr-	je verrai	vouloir	voudr-	je voudrai

2 Comme ton père, tu **seras** un bon médecin.

お父さんのように君もいい医者になるだろう。

◇ **単純未来形で tu や vous が主語の場合、多くは指示や命令の表現となる。** ◀3

3 Vous **viendrez** au bureau demain à 10 heures.

明日 10 時に会社に来てください。

Tu **mettras** ce tablier.　　このエプロンをつけて。

ポイント 2 条件法現在形は、語調を和らげて伝えたい場合に用いられる。 109

◇ **活用形をチェック。条件法現在形の活用語尾の音に慣れておこう。**

je	-r**ais**	nous	-r**ions**
tu	-r**ais**	vous	-r**iez**
il / elle	-r**ait**	ils / elles	-r**aient**

語幹は単純未来形と同じです。je の活用形の音は単純未来形と同じになるので、どちらの活用かは文脈で判断します。

◇ **よく使われる表現は覚えてしまおう。**

条件法現在形を用いた je voudrais ～や j'aimerais ～ は、注文するときや、希望を控えめに伝えるときによく使います。◀4

4 Je **voudrais** partir en vacances ! ヴァカンスに出かけたいなあ!

J'**aimerais** bien réserver cette place.

この席を予約したいのですが。

ポイント 3 単純未来形と条件法現在形は仮定表現で用いられる。基本的な形を覚えておこう。 110

◇ **「もし～なら、～だろう」のように、未来のことを仮定する場合には、< si + 現在形、単純未来形>で表す。** ◀5

5 S'il fait beau demain, on **fera** du tennis.

明日天気が良ければ僕らはテニスをするだろう。

◇ **「もし～なら、～なのに」のように、現実に反することを仮定する場合には、< si + 半過去形、条件法現在形>で表す。** ◀6

6 S'il faisait beau, on **ferait** du tennis.

もし天気が良ければ僕らはテニスをするだろう（でもできない）。

書き取りにチャレンジ！

1. 音声を聞いて、下線部を書き取りましょう。 111

(1) Tu ________ le taxi. Ce ________ plus pratique.

(2) S'il fait mauvais, je ________ à la maison.

(3) Si Paul n'était pas occupé, j' ________ au cinéma avec lui.

2. 音声を聞いて、下線部を書き取りましょう。 112

(1) ________ visiter beaucoup de pays.

(2) C'est une bonne occasion. ________ sûrement.

(3) Anne ________ à l'heure.

(4) Si ça marche, ________ aux États-Unis.

解答

1. (1) Tu prendras le taxi. Ce sera plus pratique. タクシーに乗りなよ。その方が便利だよ。 (2) S'il fait mauvais, je resterai à la maison. もし天気が悪ければ、私は家にいるでしょう。 (3) Si Paul n'était pas occupé, j'irais au cinéma avec lui. もしポールが忙しくなかったら、彼と一緒に映画に行けるのに。
2. (1) J'aimerais bien visiter beaucoup de pays. 私は多くの国を訪れたいと思っています。 (2) C'est une bonne occasion. Vous viendrez sûrement. いい機会です。絶対にいらしてください。 (3) Anne n'arrivera pas à l'heure. アンヌは時間通りには着かないでしょう。 (4) Si ça marche, nous travaillerons aux États-Unis. もしうまく行けば、私たちはアメリカで働くでしょう。

8 聞き取りにくい小さな語 de, du, des etc.

＊音声を聞いて、聞こえた語を空欄に書きましょう。 113

1 Il faut ______ ______ farine, ______ lait et ________ œufs.

2 Je ne prends pas ______ jus de fruit. Mais il n'y a plus ____ eau.

3 Je voudrais ______ nouvelles lunettes.

4 Ce magasin est ouvert à partir ______ neuf heures.

5 Voici la photo ______ directeur.

6 Notre directeur est ______ Canada, ______ Montréal.

7 __________ le café, il y a le garçon __________ tu as parlé.

1 de la, du, des　2 de, d'　3 de　4 de　5 du
6 du, de　7 Dans, dont

ポイント 1 de, du, des など d から始まる小さな語は、音だけに頼らず後に続く名詞や文脈から判断しよう。 114

	男性単数形	女性単数形	複数形
不定冠詞	un	une	**des**
部分冠詞	**du（de l'）**	**de la（de l'）**	

◇ **複数名詞には不定冠詞の des、不可算名詞には部分冠詞の du, de la, de l' がつく。名詞の数にまずは注意を払おう。** 1

1 Il faut **de la** farine, **du** lait et **des** œufs.
小麦粉と牛乳と卵が必要です。

Au supermarché, Fabien a acheté **des** cerises et **de l'**huile. スーパーでファビアンはサクランボと油を買った。

◇ **動詞の直接目的語につく不定冠詞と部分冠詞は、否定文では de になる。de はエリズィオンするので注意。** 2

2 Je ne prends pas **de** jus de fruit. Mais il n'y a plus **d'**eau. 私はフルーツジュースを飲みません。でももう水がないです。

Vous n'avez pas **de** stylo ? ペンをお持ちではないですか。

◇ **不定冠詞 des は、後に形容詞が続くと多くの場合 de になる。** 3

3 Je voudrais **de** nouvelles lunettes.
私は新しいメガネが欲しい。

ポイント 2 前置詞 de の基本的な意味は「～から」や「～の」だが、さまざまな熟語表現でも用いられる。 115

◇ **前置詞 de を用いる表現を日頃からチェックしておこう。** 4

4 Ce magasin est ouvert à partir **de** neuf heures.
この店は 9 時から開いています。

J'ai besoin **de** ton aide. 君の手伝いを必要としている。

◇ **前置詞 de の後に定冠詞 le が続くと du に、les が続くと des になる。ただし la や l' が続く場合は変わらない。** ◀5

de + le → **du**　　　　de + la → de la

de + l' → de l'　　　　de + les → **des**

5 Voici la photo **du** directeur.　　これが社長の写真です。

Nous avons reçu une lettre **des** parents de Sophie.

私たちはソフィーの両親の手紙を１通受け取った。

◇ **「～の国から」と言うときには、特別なきまりがある。** ◀6

du + 男性名詞の国	de + 女性名詞の国	d' + 母音始まりの国	des + 複数名詞の国
du Japon	de France	d'Angleterre	des États-Unis

後に都市や町が続く場合は冠詞はつきません。de Paris　de Tokyo

6 Notre directeur est **du** Canada, **de** Montréal.

我々の社長はカナダ、モントリオールの出身だ。

J'ai une amie qui vient **de** Chine.

私には中国出身の友人がひとりいる。

ポイント 3 前置詞 dans と関係代名詞 dont も混同しやすいので注意。 116

◇ **dont の後には主語+動詞が続く。それを見分けるヒントにする。** ◀7

dont は前置詞 de を含む関係代名詞です。

7 **Dans** le café, il y a le garçon **dont** tu as parlé.

カフェの中に君が話題にしていた男の子がいるよ。

書き取りにチャレンジ！

1. 音声を聞いて、下線部を書き取りましょう。 117

(1) Tu mets _____ sucre _________ ton café ?

(2) Vous prenez _____ poisson ? Moi, je prends _____ _____ viande.

(3) Il y a _____ professeurs mais il n'y a pas ___ étudiants.

(4) C'est l'université __________ il parle souvent.

2. 音声を聞いて、下線部を書き取りましょう。 118

(1) Cette association préserve .... la ville.

(2) Je vous présente .... je vous ai parlé.

(3) David va bientôt rentrer ....

(4) Désolé, ...

解答

1. (1) Tu mets du sucre dans ton café ? 君はコーヒーに砂糖入れるの? (2) Vous prenez du poisson ? Moi, je prends de la viande. あなた方は魚にしますか。私は肉にします。 (3) Il y a des professeurs mais il n'y a pas d'étudiants. 教員はいますが、学生はいません。 (4) C'est l'université dont il parle souvent. これは彼がよく話している大学です。
2. (1) Cette association préserve de beaux bâtiments dans la ville. その協会は街の美しい建造物を保存している。 (2) Je vous présente les parents de Marie dont je vous ai parlé. お話ししたマリーのご両親をあなたに紹介します。 (3) David va bientôt rentrer des États-Unis. ダヴィッドはまもなくアメリカから帰ってくる。 (4) Désolé, il n'y a plus d'œufs. 残念ながら卵はもうありません。

9 2部のまとめ

✻ 音声を聞いて、聞こえた語を空欄に書きましょう。 119

1 Elle ne ________ pas ______ lait dans son café.

2 Elles ________________ ________ gants blancs pendant la cérémonie.

3 Peux-tu ________________ la table, s'il ______ plaît ?

4 ____________ la radio, s'il ________ plaît.

5 _____ est la boîte que j'ai __________ sur la chaise ?

1 met, de　2 mettent, des　3 mettre, te
4 Mettez, vous　5 Où, mise

ポイント 1 基本的な文法事項と発音をしっかりと押さえよう。 120

◇ 動詞の活用はつづりだけでなく、 発音をしっかりと覚えよう。

er 動詞以外は 3 人称単数と 3 人称複数の活用形の発音は異なります。小さな音の違いを聞き逃さないようにしましょう。 ◀1 2

1 Elle ne met pas de lait dans son café.
彼女はコーヒーにミルクを入れない。

2 Elles mettent des gants blancs pendant la cérémonie.
彼女たちは式の間白い手袋をはめる。

◇ **不定詞を導く動詞や表現に注意しよう。 また文の構造も意識しよう。** ◀3 4

3 Peux-tu mettre la table, s'il te plaît ?

食卓をセットしてくれる? お願い。

pouvoir (peux-tu) のあとの動詞は不定詞。 不定詞のつづりも覚えておきましょう。

4 Mettez la radio, s'il vous plaît.

ラジオをつけてください。 お願いします。

主語がない場合は、 命令形の可能性が大。 avoir や être などの命令形もチェックしておきましょう。

	2・単	1・複	2・複
avoir	aie	ayons	ayez
être	sois	soyons	soyez

◇ **性・数一致に注意! 思わぬところで性・数一致が起こっている場合がある。**

複合過去形の場合、 直接目的語と過去分詞の性・数一致は見落としがちなので注意。 ◀5

5 Où est la boîte que j'ai mise sur la chaise ?

私が椅子の上に置いた箱はどこ?

複合過去形の前に関係代名詞 que があるときは、 先行詞の性と数をチェック。

ポイント 2 意味を取ろう。文脈をつかもう。 121

◇ **目的語につく冠詞などの小さな語にも気を配ってみよう。** ◀1 2

mettre のように様々な意味を持つ動詞は、 後に続く目的語によって様々な意味になります。 目的語につく冠詞などの小さな語にも注意しましょう。

1 Elle met du lait dans son café.

＊ mettre ~ dans … 「…に~を入れる」

② Elles mettent des gants blancs pendant la cérémonie.

＊mettre ＋ 衣類や装飾品など「着る、履く、つける、はめる、かける」

動詞の後に d から始まる小さな語が聞こえたら、それは部分冠詞 du や de la (de l')、または不定冠詞複数形の des。不可算名詞か可算名詞かを意識しましょう。否定文の場合は否定の de になります。

◇ **よく聞く表現も、文脈に注意。** ◀③④

③ Peux-tu mettre la table, s'il te plaît ?

④ Mettez la radio, s'il vous plaît.

よく耳にする「お願いします」という表現も、tu で話す人に対してなのか、vous で話す人に対してなのか、意識しましょう。

ポイント 3　疑問詞、前置詞を覚えよう。 122

◇ **疑問詞や前置詞の発音とつづりをチェック。** ◀⑤

⑤ Où est la boîte que j'ai mise sur la chaise ?

où は接続詞 ou と同じ発音。アクサン・グラーヴをつけ忘れないように気をつけましょう。

疑問詞はほかに、「誰」qui　「いつ」quand　「なぜ」pourquoi　「何」que, quoi　「いくつの」combien などがあります。

前置詞 sur「～の上に」は、sous「～の下に」と聞き間違えやすいので注意！

🔈123 ＊petit mémo＊

●天気の表現は会話の話題になりやすいです。天気予報も聞き取れるようにしましょう。

天気がいい　Il fait beau.

天気が悪い　Il fait mauvais.

曇っている　Il fait gris.

霧が出る　Il fait du brouillard.

雨が降る　Il pleut.　　雪が降る　Il neige.

寒い　Il fait froid.　　暑い　Il fait chaud.

蒸し暑い　Il fait humide.

暖かい　Il fait doux.　　涼しい　Il fait frais.

日が照っている　Il y a du soleil.

風がある　Il y a du vent. Il fait du vent.

Il fait très froid. Tiens, il neige !

すごく寒いな。あれ、雪が降っている。

書き取りにチャレンジ！

1. 音声を聞いて、下線部を書き取りましょう。 124

(1) Il y a ______ vent. __________ ton manteau.

(2) Il faut ____________ ______ lait à chauffer.

(3) ______ _______-on cette boîte ? _______ la table ______ _________ la table ?

(4) Ce sont les chaises qu'il a _________________.

2. 音声を聞いて、下線部を書き取りましょう。 125

(1) __________ gentil avec ton frère !

(2) ____________________________ ton nom ici ?

(3) _________________. Il est _______, mon parapluie ?

(4) Ne __________________________ chapeau dans l'église.

解答

1. (1) Il y a du vent. Mets ton manteau. 風がある。コートを着なさい。 (2) Il faut mettre du lait à chauffer. 牛乳を温めなくてはなりません。 (3) Où met-on cette boîte ? Sur la table ou sous la table ? この箱、どこに置く？ テーブルの上、それともテーブルの下？ (4) Ce sont les chaises qu'il a achetées. これは彼が購入したイスです。
2. (1) Sois gentil avec ton frère ! 弟に優しくしなさい。 (2) Peux-tu mettre ton nom ici ? 君の名前、ここに書いてくれる？ (3) Il pleut. Il est où, mon parapluie ? 雨が降っている。私の傘はどこ？ (4) Ne mettez pas de chapeau dans l'église. 教会の中では帽子をかぶらないでください。

Chapitre 3

1 自己紹介・人の紹介

解答110ページ

1

教師とステファンの会話を聞いてください。 次の文がそれぞれ会話の内容に一致する場合は○、 一致しない場合は×を（　　）に入れましょう。 126

(1) ステファンはイギリス人である。　（　　）

(2) ステファンは18歳である。　（　　）

(3) ステファンは5年以上フランス語を学んでいる。　（　　）

(4) ステファンは水泳をしている。　（　　）

ヒント　depuis ～：～前から　　faire + 部分冠詞 + [スポーツ]：[スポーツ] をする

2

マリが自己紹介をしています。音声を聞いて下線部にはフランス語を、（　　）には数字を入れましょう。 127

Bonjour. Je ________________ Marie Morin. ______________ à Lille, mais je suis __________________ à Paris. ______________ la sociologie. J'ai (　　) ans. J'aime ______________, écouter de la musique et _________ des romans*. Je parle français, ______________ et espagnol.

ヒント　sociologie：女 社会学
* 旅行する、 音楽を聞く、 小説を読むことが好きだと言っています。

③ シルヴァンについて紹介する音声を聞いて、下線部にはフランス語を、（　　）には数字を入れましょう。 128

__________ un ami, à droite _______ la photo. Il s'appelle

Sylvain. Sa mère est _________________ et _______ _________

est belge. Il _______ _____ à Bruxelles*. Il a (　　) ans mais il a

l'air très __________. Il est très grand, il fait presque (　　)

mètres. Il est champion de judo. Il aime _____ ____________ et

_____ ______________. Il _________ très bien _____ _____

guitare.

ヒント avoir l'air + 形容詞：〜な印象である
faire 数字 mètre(s)：身長が〜メートルである　presque：ほぼ
champion de judo：柔道のチャンピオン、一流選手
faire + 部分冠詞 + [楽器]：[楽器] を演奏する
* 生まれた場所を言っています。

2 道案内

解答111ページ

1 ロランスと通行人の会話を聞いてください。次の文がそれぞれ会話の内容に一致する場合は○、一致しない場合は×を（　　）に入れましょう。 129

(1) リヨン駅はロランスのいる場所のすぐ近くである。　（　　）

(2) リヨン駅に行くにはまず大通りをまっすぐ進む。　（　　）

(3) リヨン駅に行くには大通りを進み、3つ目の信号を左に曲がる。　（　　）

(4) リヨン駅に行くには地下鉄で 25 分ほどかかる。　（　　）

ヒント　à pied：徒歩で　assez：十分に　deuxième：2 番目の
troisième：3 番目の　feu：男 信号機　il faut 数字：[時間が] ～かかる

2 ヤスコが友人たちに送った音声メッセージを聞いて、下線部にフランス語を、（　　）に数字を入れましょう。 130

____________ à la station « Buttes Chaumont ». En sortant de la station, ______ ________ , il y a un café, le « Café du Parc » qui fait le coin de la rue Pasteur. __________ cette rue. Continuez tout ________ et prenez la ____________ rue* à gauche. C'est une __________ rue, la rue des Lilas. Numéro (　　)**. ____________ étage à gauche en sortant de l'ascenseur. Voici le code : (　　)A(　　).

ヒント　sortant：sortir の現在分詞　en sortant：出ると
faire le coin：角にある　code：暗証番号
*「最初の通りを左に行く」と言っています。　** 番地を言っています。

3 音声を聞いて下線部にフランス語を入れましょう。 131

Maintenant ________________ _____ gens ne ________________

plus leur chemin, ils __________________ l'application mobile de

_________ smartphone. C'est peut-être dommage. C'est _____

_______ ________________ de français pour _______

__________________*. « __________ tout droit ». «____________

la première, ________________, troisième... rue ___ __________,

à droite ». « Traversez la rue, le pont, la place... ». « C'est ___

__________ _____________, à votre gauche, à côté de..., en face

de...». « C'est tout près, c'est __________ _________...».

ヒント ne ~ plus : もう~しない　application mobile : モバイルアプリ
peut-être : おそらく　dommage : 男 残念　à côté de ~ : ~の横の
en face de ~ : ~の正面の　tout près : すぐそばに
*「外国人にとってよいフランス語の練習になる」と言っています。

3 招待・提案

解答112ページ

① ピエールとマリの電話での会話を聞いてください。次の文がそれぞれ会話の内容に一致する場合は○、一致しない場合は×を（　）に入れましょう。 132

(1) マリは忙しいが元気だ。 （　）

(2) マリは日曜日にパーティを開く計画がある。 （　）

(3) マリのパーティの開始時刻は夜の 7 時である。 （　）

(4) マリはピエールにワインを持ってくるように言っている。 （　）

ヒント allô：［電話で］もしもし　faire une soirée：（夜に行う）パーティをする
Avec plaisir.：喜んで。　À quelle heure ?：何時に?
bouteille：女 瓶、ボトル

② クレールがマルクに送ったメール文を聞いて、下線部にフランス語を、（　）に数字を入れましょう。 133

Coucou Marc,

Je voulais te proposer quelque chose. Ma chatte a fait (　　) petits chatons il y a _______ _____________. Ils sont très _____________ et __________________ les donner à des amis. Je sais que tu adores les chats. Si ça ____________________*, je peux t'en donner un. Si tu veux _____________ les voir à la maison...

_______________-moi rapidement _______ _____ ___________.

Bisous

Claire

ヒント　coucou：やあ、ヤッホー　proposer：提案する　chatte：女（メスの）ネコ　chaton：男 子ネコ　il y a ～：～前に　les donner：les は直接目的語代名詞で子ネコを指す　Bisous：［メールの結びとして］キス
*intéresser à［人］「～の興味を引く」を用いた表現です。à［人］は目的語人称代名詞になっています。

③ 音声を聞いて下線部にフランス語を入れましょう。 134

____________ accepter ou refuser une invitation ou une proposition ?

__________ quelqu'un vous propose __________ __________ ou vous invite, vous pouvez répondre : « C'est _____ __________ ________ ! », « Pourquoi pas ? », « ____________ . », « Avec plaisir ! »

C'est plus difficile de refuser. _____ ________ __________ une excuse* vraie ou fausse ! « Je suis désolé. », « Excusez-moi. », « _____ ________ _______ possible. » « J'ai ____________ _____ ____________ . », « Je suis très fatigué », ou bien « _______ _______ aux jambes. »**

ヒント　ou：あるいは　Pourquoi pas ?：もちろん。　Avec plaisir !：喜んで。　excuse：女 言い訳　vrai：本当の　fausse：うその（faux の女性形）　Je suis désolé.：ごめんなさい。
*「（断りの）理由を与えなくてはならない」と言っており、「～しなければならない」という表現が使われています。
**avoir mal à ～「～が痛い」を使った表現です。

4 計画

解答113ページ

1 クリストフといとこのエレーヌの会話を聞きましょう。次の文がそれぞれ会話の内容に一致する場合は○、一致しない場合は×を（　　）に入れましょう。 135

(1) クリストフとエレーヌは毎週会っている。 (　　)

(2) エレーヌはバカロレアを受けて結果を待っている。 (　　)

(3) エレーヌは将来医学を学びたいと思っている。 (　　)

(4) エレーヌは将来アメリカで働きたいと思っている。 (　　)

ヒント bac：男 baccalauréat「バカロレア（大学入学）資格試験」の略
quel(le) est ～ ? / quel(le)s sont ～ ?：～はどうですか？
projet：男 計画　réussir：成功する、合格する　tout de suite：すぐに
se décourager：気を落とす　tellement：とても

2 アニエスがエミリに送ったメール文を聞いて、下線部にフランス語を、（　　）に数字を入れましょう。 136

Bonjour Émilie,
As-tu des projets pour ______ ______ ? Si tu es libre en août, on ______ ______ en Grèce toutes les deux ? Mon ami grec Yanis nous a invitées. On ______ d'abord l'avion pour Athènes. On y ______ (　　) ______. On logera dans la famille de Yanis. Ensuite on ______ ______ îles de la Mer Égée. Si tu es d'accord, on ______ ______ ensemble ces vacances.

__________ ta réponse.

Bises,

Agnès

ヒント Grèce : 女 ギリシャ　tout(e)s les deux : ふたりで
grec : ギリシャ（人）の　Athènes : アテネ　y : そこに
loger : ～に泊まる　île : 女 島　Mer Égée : 女 エーゲ海

3 音声を聴いて下線部にフランス語を入れましょう。 137

________ -vous ________ ______ __________ pour le week-end prochain ?

Quand le dimanche soir arrive, ______ __________ ____ ____ __________ qui vient mais aussi au week-end prochain. ______ __________ -________ ?* Travaillerons-nous ou ______________ -________ à la maison ? Sortirons-nous avec la famille ou avec les amis ? ____ ________ -________ ?** Au cinéma ? ____ __________ ou au restaurant ? Penser au week-end prochain, c'est peut-être une façon d'oublier le cafard ____ ____________ ________.

ヒント qui vient : やってくる　une façon de ～ : ～するひとつの方法
cafard : 男 ゆううつ（本来の意味は「ゴキブリ」）
*「何をしようか?」と言っています。　**「どこに行こうか?」と言っています。

5 天気・気候

1 アントワーヌとユリコの会話を聞きましょう。次の文がそれぞれ会話の内容に一致する場合は○、一致しない場合は×を（　　）に入れましょう。 138

(1) アントワーヌは夏、東京の地下鉄や店内が蒸し暑いと感じている。（　　）

(2) ユリコは東京の出身である。（　　）

(3) アントワーヌは来年の夏、北海道に行こうと思っている。（　　）

(4) アントワーヌはノルマンディーの夏は暑く冬は寒いと言っている。（　　）

ヒント　à cause de ～：～のせいで　　climatisation：女 エアコン
non plus：～もない　　plus 形容詞 que ～：～より…だ
C'est décidé !：決めた!

2 日本を訪れる予定のレオに、季節をアドバイスするサトミのメールの返信を聞いて、下線部にフランス語を、（　　）に数字を入れましょう。 139

Bonjour Léo,
À mon avis, il y a (　　) ___________ ______________ pour le tourisme à Tokyo, le printemps et l'automne. Si tu __________ fin mars-début avril, tu peux voir les sakura en fleurs. Et le climat est agréable. _____ ______________, il ne fait pas encore __________, il y a du soleil et on peut admirer les feuilles ____________ des érables.

À toi de ______________.
Satomi

ヒント fin [月] -début [月]：～月末から～月初旬にかけて　en fleurs：満開の
climat：男 気候　admirer ～：～に見とれる、感嘆する（ここでは見て楽しめるという意味）　érable：男 カエデ、モミジ

3 天気にまつわる表現やことわざについての音声を聞いて、下線部にフランス語を、（　　）に数字を入れましょう。 140

Parler de la pluie et du beau temps

________ ____ ______________ quelqu'un ________

____ ______ , pour éviter des silences gênants ________

_______ ____ _______ d'intéressant à dire, on dit par

exemple :

« ________-____ _______ _______ ________

aujourd'hui* ! » ou « Encore la pluie ! Ça fait (　　) jours que ça dure ».

Dire des banalités ou ne rien dire ?

Après la pluie, le beau temps

Après de graves soucis ou ______________, on finit toujours

par ______________ un moment de calme et pourquoi pas,

de bonheur. Est-ce un appel à l'optimisme ?

ヒント éviter：避ける　gênant：気まずい　ca fait [期間] que ～：～して [期間] である　ça dure：それが続く　banalité：女（複数で）平凡なこと
grave：重大な　souci：男 心配、気がかり　finir par [動詞原形]：結局～する　pourquoi pas：どうしてだめなのか（=もちろん）
optimisme：男 楽観主義
*「なんて寒いのだろう」と言っています。

6 昔の話

解答115ページ

1 ヴィクトールとおばあちゃんの会話を聞きましょう。次の文がそれぞれ会話の内容に一致する場合は○、一致しない場合は×を（　　）に入れましょう。 141

(1) おばあちゃんは18歳でバカロレアを受けた。（　　）

(2) おばあちゃんは高校時代たくさんの友人がいた。（　　）

(3) おばあちゃんは18歳の頃勉強ばかりしていた。（　　）

(4) おばあちゃんは4歳の時に日本に来た。（　　）

ヒント　mamie：女 おばあちゃん　　quand même：それでも、やはり

2 オクターヴがサラに送ったメール文を聞いて、下線部にフランス語を入れましょう。オクターヴが週末に偶然出会った人物が話題になっています。 142

Bonjour Sarah,
Devine qui ________ ________________ par hasard ce week-end au supermarché ? Tu ______ ________________ ______* Monsieur Lagarde, notre prof ________________ au lycée ? ______ __________ très sévère. Mais on l'aimait bien et ______ ____ _________ beaucoup de progrès** grâce à lui. ______ _______ __________ boire un café et ______ ____ ___________ du passé, du présent et de l'avenir. Il est toujours aussi sympa. Tu aimerais le ____________________ ?
Amitiés,
Octave

ヒント　deviner : 言い当てる　par hasard : 偶然　prof : 男 professeur の略、話しことばで用いる　sévère : 厳しい　grâce à ～ : ～のおかげで　sympa : sympathique の略、感じがいい　* 代名動詞を使った「覚えている」という表現です。　** 「英語が上達した」と言っています。

③ 音声を聞いて下線部にフランス語を、（　　）に数字を入れましょう。 143

Vous avez de bons ou _____ _____________ _______________

de votre enfance* ? C'est peut-être _______ ________________

________________. Voici ce que mon amie Agathe m'a répondu.

« Mon premier souvenir: J'avais (　　) ans. Mon petit frère

Vincent _______ _____ _____ ________ (　　　　)**. Je n'étais

pas très contente, je pleurais souvent et _____ _____ __________

_______ le voir.

_____ _______________ journée à l'école maternelle : Elle

________ très bien passée. Les autres enfants ________________

et _____ ________________ _______ quitter leur maman. Moi,

je découvrais un autre monde, ____________ _______________

et j'adorais ma maîtresse. »

ヒント　enfance : 女 子ども時代　répondu : répondre「答える」の過去分詞　pleurer : 泣く　école maternelle : 女 幼稚園　autre : 他の　quitter : 離れる　maîtresse : 女（女性の）先生
*「子ども時代のいい思い出や悪い思い出をお持ちですか」と言っています。不定冠詞 des は形容詞の前に置かれるとき de になります。　** 弟の生年月日を言っています。

Chapitre 3　解答とスクリプト

【1 課　自己紹介・人の紹介】

①　(1) ×　　(2) ×　　(3) ○　　(4) ○

Le professeur : Bonjour Stefan, tu peux te présenter.
Stefan : Oui, d'accord. Stefan Richter. Je suis allemand et je suis né à Berlin. J'ai vingt ans.
Le professeur : Tu parles bien français.
Stefan : C'est vrai ? J'étudie le français depuis 8 ans.
Le professeur : Tu fais aussi beaucoup de sport ?
Stefan : Oui, je fais du tennis, du ski et de la natation.

教師：　ステファンこんにちは。自己紹介をしてくれる？
ステファン：　はい、わかりました。ステファン・リヒターです。ドイツ人でベルリンで生まれました。20 歳です。
教師：　フランス語を上手に話すね。
ステファン：　本当ですか？ フランス語は８年前から学んでいます。
教師：　君はスポーツもよくするのかな？
ステファン：　はい、テニス、スキーそして水泳をします。

②
Bonjour. Je m'appelle Marie Morin. J'habite à Lille, mais je suis étudiante à Paris. J'étudie la sociologie. J'ai (19) ans. J'aime voyager, écouter de la musique et lire des romans. Je parle français, anglais et espagnol.

こんにちは。私の名前はマリ・モランです。リールに住んでいますが、パリで学生をしています。社会学を学んでいます。19 歳です。旅行すること、音楽を聞くこと、そして小説を読むことが好きです。私はフランス語、英語とスペイン語を話します。

③
Voici un ami, à droite sur la photo. Il s'appelle Sylvain. Sa mère est japonaise et son père est belge. Il est né à Bruxelles. Il a (48) ans mais il a l'air très jeune. Il est très grand, il fait presque (2) mètres. Il est champion de judo. Il aime le cinéma et la musique. Il joue très bien de la guitare.

写真の右側にいるのが友人です。彼はシルヴァンという名前です。彼のお母さんは日本人でお父さんはベルギー人です。彼はブリュッセルで生まれました。48 歳ですがとても若く見えます。彼はとても背が高くて、２メートル近くあります。彼は柔道のチャンピオンだったことのある一流選手です。彼は映画と音楽が好きです。とても上手にギターを弾きます。

① (1) ×　(2) ○　(3) ×　(4) ×

Laurence : Bonjour, pardon monsieur. Je cherche la gare de Lyon. À pied, c'est loin ?

Un passant : C'est un peu compliqué et assez loin. Vous prenez cette grande avenue tout droit, vous tournez à droite au troisième feu. Vous prenez la deuxième rue à gauche et c'est tout droit. Il faut vingt-cinq minutes environ. Prenez le métro, c'est plus simple.

Laurence : Merci monsieur. Je vais prendre le métro.

ロランス： こんにちは、すみません。リヨン駅を探しています。徒歩だと遠いですか。

通行人： ちょっと複雑だしかなり遠いです。この大通りをまっすぐ進み、3つ目の信号で右に曲がります。2つ目の通りを左に曲がって、それからまっすぐです。だいたい25分くらいかかります。地下鉄にお乗りなさい、そのほうがより簡単ですよ。

ロランス： ありがとうございます。地下鉄に乗ろうと思います。

②

Descendez à la station « Buttes Chaumont ». En sortant de la station, en face, il y a un café, le « Café du Parc » qui fait le coin de la rue Pasteur. Prenez cette rue. Continuez tout droit et prenez la première rue à gauche. C'est une petite rue, la rue des Lilas. Numéro (12) . Cinquième étage à gauche en sortant de l'ascenseur. Voici le code : (24)A(32) .

地下鉄の「ビュット・ショモン」駅で降りてください。駅を出ると、向かいにCafé du Parcというカフェが、パストゥール通りの角に立っています。この通りを進んでください。まっすぐ行って最初の通りを左に行きます。小さな通りで、リラ通りと言います。12番地です。5階でエレベーターを降りて左です。（建物の入り口の）暗証番号は24A32です。

＊日本での1階のことをフランスで rez-de-chaussée 男「地上階（0階）」と言います。したがって5階は日本の6階にあたります。

③

Maintenant beaucoup de gens ne demandent plus leur chemin, ils utilisent l'application mobile de leur smartphone. C'est peut-être dommage. C'est un bon exercice de français pour les étrangers. « Allez tout droit ». « Prenez la première, deuxième, troisième... rue à gauche, à droite ». « Traversez la rue, le pont, la place... ». « C'est à votre droite, à votre gauche, à côté de..., en face de...». « C'est tout près, c'est assez loin...».

今では多くの人が、もう道を尋ねることなくスマートフォンのモバイルアプリを使います。

それはおそらく残念なことです。（道を尋ねることは）外国人にとってはフランス語の良い訓練だからです。「まっすぐ行きなさい」「最初の、２つ目の、３つ目の道を左に、右に行きなさい」「道を、橋を、広場を渡りなさい」「あなたの右に、左に、～の隣に、～の向かいにあります」「すぐそばです、かなり遠いです」

【3 課　招待・提案】

① (1) ○　(2) ×　(3) ×　(4) ○

Marie :　Allô. Bonjour Pierre. Comment vas-tu ?
Pierre :　Ça va. Et toi ?
Marie :　Je suis occupée mais ça va. Tu es libre samedi soir ?
Pierre :　Oui, pourquoi ?
Marie :　Je fais une soirée pour mon anniversaire. J'invite quelques amis.
Pierre :　Avec plaisir. À quelle heure ? J'apporte quelque chose ?
Marie :　Vers 20 heures. Apporte une bouteille de vin, si tu veux.

マリ：　もしもし、こんにちはピエール。元気？
ピエール：　元気だよ。君は？
マリ：　忙しいけど元気。土曜の夜はあいてる？
ピエール：　うん、どうして？
マリ：　私の誕生日パーティをするの。友だちを何人か招待してる。
ピエール：　喜んで（行くよ)。何時？　何か持って行く？
マリ：　20 時頃。もしよければワインを一本持ってきて。

②
Coucou Marc,
Je voulais te proposer quelque chose. Ma chatte a fait (5) petits chatons il y a une semaine. Ils sont très mignons et j'aimerais les donner à des amis. Je sais que tu adores les chats. Si ça t'intéresse, je peux t'en donner un. Si tu veux passer les voir à la maison... Réponds-moi rapidement, s'il te plaît.
Bisous
Claire

やっほーマルク、
お勧めしたいことがあるの。１週間前、私のネコが子ネコを５匹生みました。すごくかわいくて、この子たちを友達にあげたいと思ってる。あなたネコが大好きでしょ。もし興味があれば、１匹あげられるわ。この子たちをうちに見に来たければ……すぐに返信してね、よろしく。キスを送るわ。クレール

③
Comment accepter ou refuser une invitation ou une proposition ?
Quand quelqu'un vous propose quelque chose ou vous invite, vous pouvez répondre :« C'est une bonne idée ! », « Pourquoi pas ? », « D'accord. », « Avec plaisir ! »
C'est plus difficile de refuser. Il faut donner une excuse vraie ou fausse ! : « Je suis désolé. », « Excusez-moi. », « Ce n'est pas possible. » « J'ai beaucoup de travail. », « Je suis très fatigué », ou bien « J'ai mal aux jambes. »

招待や提案を受け入れたり断ったりするのはどのようにするのでしょうか？ 誰かに何かを提案してもらったり招待されたりしたら、こんなふうに答えることができますよ。「いい考え！」「もちろん（なぜだめだろうか？）」「了解」「喜んで！」
断るのはより難しいです。それが真実であろうが嘘であろうが（断りの）言い訳をしなくてはなりません！「残念です」「ごめんなさい」「できないのです」「仕事がたくさんあって」「とても疲れているのです」あるいは「足が痛いのです」

【4課　計画】

① (1) ×　(2) ×　(3) ○　(4) ×

Christophe : Bonjour Hélène. Ça fait longtemps que je ne t'ai pas vue. Tu passes le bac cette année ? Quels sont tes projets ?
Hélène : J'aimerais faire médecine. Mais c'est très difficile. Je ne réussirai peut-être pas tout de suite.
Christophe : Ne te décourage pas maintenant. Ça ira. Tu es tellement sérieuse.
Hélène : Si ça marche, je partirai pour l'Afrique et je travaillerai pour une ONG.

クリストフ： こんにちは、エレーヌ。ずいぶんと君に会っていなかったよね。今年バカロレアを受けるんだろう？ どんな計画なの？
エレーヌ： 私は医学をやりたいの。でもとても難しい。多分すぐには合格しないでしょうね。
クリストフ： いま気を落とすことはないさ。うまく行くだろう。君はすごく真面目だもん。
エレーヌ： もしうまく行ったら、私はアフリカに向かって、NGO（非政府組織）のために働くだろうな。

＊非政府組織（NGO）はフランス語では organisation non gouvernementale で、ONG と略されます。

②
Bonjour Émilie,
As-tu des projets pour les vacances ? Si tu es libre en août, on pourrait aller en Grèce toutes les deux ? Mon ami grec Yanis nous a invitées. On prendra d'abord

l'avion pour Athènes. On y restera (4) jours. On logera dans la famille de Yanis. Ensuite on visitera quelques îles de la Mer Égée. Si tu es d'accord, on va préparer ensemble ces vacances.
J'attends ta réponse.
Bises,
Agnès

こんにちは、エミリ、
休暇の計画はすでにある？ もし８月お暇だったら、ふたりでギリシャに行けると思うけどどう？ ギリシャ人の彼のヤニスが私たちを招待してくれたの。まずはアテネに向けて飛行機に乗るでしょう。そこに４日間いることになるでしょうね。ヤニスの家族の家に泊まることになる。その後エーゲ海のいくつかの島を訪れるの。もし了解ということなら、一緒にこの休暇の準備をしましょう。　お返事待ってるね。キスを送るわ、アニエス

③
Aimez-vous faire des projets pour le week-end prochain ?
Quand le dimanche soir arrive, nous pensons à la semaine qui vient mais aussi au week-end prochain.
Que ferons-nous ? Travaillerons-nous ou resterons-nous à la maison ? Sortirons-nous avec la famille ou avec les amis ? Où irons-nous ? Au cinéma ? Au concert ou au restaurant ? Penser au week-end prochain, c'est peut-être une façon d'oublier le cafard du dimanche soir.

次の週末のための計画を立てるのは好きですか？
日曜日の夜になると、私たちは来たる一週間のことを考えますが、同様に次の週末のことも考えます。
何をしよう？ 仕事をしようか、家にいようか？ 家族と出かけようか、それとも友人たちと？ どこに行くだろうか？ 映画へ？ コンサート、またはレストランへ？ 次の週末を考えること、それはおそらく日曜日の夜のふさぎの虫（ゆううつ）を忘れるひとつの方法です。

【5課　天気・気候】

① (1) ×　(2) ×　(3) ○　(4) ×

Antoine : Je déteste l'été à Tokyo. Il fait chaud et humide. Et dans les trains, métros et magasins, on a trop froid à cause de la climatisation.
Yuriko : Moi non plus, je n'aime pas l'été à Tokyo. Je suis de Sapporo. Il fait chaud en juillet et en août. Mais c'est plus agréable qu'ici.
Antoine : L'été prochain, je vais à Hokkaido. C'est décidé.
Yuriko : D'accord. Tu peux venir chez mes parents. Et toi, tu viens d'où Antoine ?

Antoine : De Normandie. Il pleut souvent mais il fait bon. En été, il ne fait pas trop chaud. En hiver, pas trop froid.

アントワーヌ：ぼくは東京の夏が大嫌いだよ。蒸し暑い。それに電車や地下鉄、お店の中はエアコンのせいで寒すぎるよ。

ユリコ：私も東京の夏は好きじゃないな。私は札幌出身なの。7月と8月は暑い。でもここよりは心地いいわ。

アントワーヌ：来年の夏、ぼくは北海道に行くよ。決めたんだ。

ユリコ：わかった。私の両親の家に行っていいわよ。で、君はどこ出身なの、アントワーヌ？

アントワーヌ：ノルマンディーの出身だよ。雨がよく降るけど気候はいいよ。夏は暑すぎることもない。冬は寒すぎることはない。

②
Bonjour Léo,
À mon avis, il y a (2) bonnes saisons pour le tourisme à Tokyo, le printemps et l'automne. Si tu viens fin mars-début avril, tu peux voir les sakura en fleurs. Et le climat est agréable. En automne, il ne fait pas encore froid, il y a du soleil et on peut admirer les feuilles rouges des érables.
À toi de décider.
Satomi

こんにちは、レオ、私の考えでは東京観光のための季節はふたつ、春と秋ね。もし3月末から4月初旬に来るなら、満開の桜が見られるわよ。それに気温も快適だよ。秋はまだ寒くないし、快晴だし、モミジの紅葉が楽しめるわよ。決めるのは君よ（どっちにする？）。サトミ

③
Parler de la pluie et du beau temps
Quand on rencontre quelqu'un dans la rue, pour éviter des silences gênants parce qu'on n'a rien d'intéressant à dire, on dit par exemple:
« Qu'est-ce qu'il fait froid aujourd'hui ! » ou « Encore la pluie ! Ça fait (5) jours que ça dure ».
Dire des banalités ou ne rien dire ?
Après la pluie, le beau temps
Après de graves soucis ou problèmes, on finit toujours par retrouver un moment de calme et pourquoi pas, de bonheur. Est-ce un appel à l'optimisme ?

雨や晴天について話す（当たり障りのない話をする）
例えば道で誰かに出会ったとき、おもしろい話題が何もない場合、気まずい沈黙を避けるためにこんな風に言うことができます。
「今日はなんて寒いのでしょう」あるいは「また雨ですね！5日間も続いています」
月並みなことを言うか、何も言わないか…ということですね。

雨の後には晴れる（雨降って地固まる）
大きな不安や心配事の後には、いつだって安らげるときが、あるいは当然幸せなときが結局訪れる。これは楽観主義への呼びかけだろうか？

【6課　昔の話】

① (1) ○　(2) ○　(3) ×　(4) ×

Victor : Dis Mamie, qu'est-ce que tu faisais quand tu avais 18 ans ?
Mamie : J'étais au lycée et j'avais beaucoup d'amis. On sortait ensemble le week-end. On faisait du ski ou du tennis.
Victor : Tu travaillais quand même ?
Mamie : Bien sûr. C'était l'année du bac et je pensais à mon avenir. J'ai commencé à étudier le japonais.
Victor : Et tu es partie pour le Japon 4 ans après !

ヴィクトール：ねえおばあちゃん、18歳の頃は何をしていた？
おばあちゃん：高校に行っていて、友達がたくさんいたわね。週末は一緒に出かけたものよ。スキーをしたりテニスをしたりしていたわね。
ヴィクトール：でも勉強もしていた？
おばあちゃん：もちろん。バカロレア受験の年だったし、自分の将来について考えていたわね。日本語を学び始めたのよ。
ヴィクトール：それで4年後に日本に発ったんだね！

②
Bonjour Sarah,
Devine qui j'ai rencontré par hasard ce week-end au supermarché ? Tu te souviens de Monsieur Lagarde, notre prof d'anglais au lycée ? Il était très sévère. Mais on l'aimait bien et on a fait beaucoup de progrès grâce à lui. On est allés boire un café et on a parlé du passé, du présent et de l'avenir. Il est toujours aussi sympa. Tu aimerais le rencontrer ?
Amitiés,
Octave

こんにちは、サラ、この週末に偶然スーパーでぼくが誰と会ったか当ててみて。ラガルド先生を覚えているよね、高校の英語の先生だよ。すごく厳しかったよね。でも、みんな彼のこと結構好きだったし、彼のおかげですごく上達したよね。ぼくらは一緒にコーヒーを飲みに行って、過去や現在、そして未来のことについて話したんだ。彼は相変わらず感じがよかった。彼に会いたいかい？　友情を込めて、オクターヴ

③

Vous avez de bons ou de mauvais souvenirs de votre enfance ? C'est peut-être une question difficile. Voici ce que mon amie Agathe m'a répondu.
« Mon premier souvenir: J'avais (3) ans. Mon petit frère Vincent est né en juin (2003) . Je n'étais pas très contente, je pleurais souvent et je ne voulais pas le voir. Ma première journée à l'école maternelle : Elle s'est très bien passée. Les autres enfants pleuraient et ne voulaient pas quitter leur maman. Moi, je découvrais un autre monde, j'étais heureuse et j'adorais ma maîtresse. »

子ども時代のいい思い出、あるいは悪い思い出をお持ちでしょうか？ おそらく難しい質問かもしれません。これは、私の友人アガットが私に答えてくれたことです。
「私の最初の思い出は、私が３歳の頃でした。弟のヴァンサンが2003年の６月に生まれたのです。私はあまりうれしくありませんでしたし、よく泣いていましたし、彼を見たくありませんでした。私の幼稚園の初日については、とてもうまく行きました。他の子どもたちは泣いていましたし、お母さんと離れるのを嫌がっていました。私の場合は、別世界を発見して幸せでしたし、先生が大好きでした。」

著者紹介
大塚陽子（おおつか ようこ）
白百合女子大学文学部フランス語フランス文学科准教授。専門はフランス語学、フランス語教育。NHK ラジオフランス語講座「まいにちフランス語入門編」2020 年の講師を担当。著書に『文法力で聞きわけるフランス語徹底トレーニング』（共著、白水社）など。

佐藤クリスティーヌ（さとう クリスティーヌ）
白百合女子大学文学部フランス語フランス文学科教授。専門はフランス史。著書に『文法力で聞きわけるフランス語徹底トレーニング』（共著、白水社）など。

やさしくはじめるフランス語リスニング

2020 年 9 月 5 日　印刷
2020 年 9 月 25 日　発行

著　者 © 大　塚　陽　子
佐藤クリスティーヌ
発行者　及　川　直　志
印刷所　研究社印刷株式会社

発行所　101-0052 東京都千代田区神田小川町 3 の 24
電話 03-3291-7811（営業部），7821（編集部）
www.hakusuisha.co.jp
株式会社　白水社

乱丁・落丁本は送料小社負担にてお取り替えいたします。

振替 00190-5-33228　Printed in Japan　誠製本株式会社

ISBN 978-4-560-08880-7